中小企業再生への
金融機関本部との連携・交渉術

税理士・公認会計士による経営改善計画策定支援

資金調達コンサルタント・
中小企業診断士 　　税理士・公認会計士

中村 中／中村文子 共著

ぎょうせい

はじめに

　平成21年（2009年）12月4日に中小企業金融円滑化法の施行によって、金融機関の支店長の裁量権限は実質的に大きく圧縮され、本部審査部にその権限は移って行くことになりました。「1年以内に経営改善計画を金融機関に提出するならば、不良債権にはなりません。だから、資金繰りが苦しければ、経営改善計画の提出の準備をして、金融機関に返済を待ってもらいましょう」というその金融円滑化法は、多くの中小企業に受け入れられ、倒産も大きく減少することになりました。現在40万社で、100兆円を超える貸出が、この恩恵を受けております。しかし、金融機関の内部においては、支店の権限が大きく圧縮され、ほとんど支店長は融資に関して即断即決することができなくなってしまいました。ということは、1年以内に経営改善計画を金融機関に提出する中小企業は少なく、分かりやすく言えば、40万社100兆円の借入先が実質的に不良債権先になってしまい、支店長裁量の世界から本部審査部の管轄の世界にシフトされることになってしまったのです。

　こうなると、40万社の新たな借入れ申請が、全て本部審査部の決裁になり、支店長や支店の融資担当者は貸出実行の決定権限がなくなってしまい、本部審査部のメンバーを説得しない限りは、貸出に関する実行や条件変更また金利の変更もできなくなったということです。すなわち、金融円滑化法が施行されて5年以上が経過した現在、金融機関の支店長に融資の相談をしても埒があかず、全て本部審査部に相談と承認を得なければならないことになってしまったのです。そこで登場するのが、「銀行本部交渉術」ということになります。

　しかも、金融円滑化法は全ての融資の約定返済（融資実行時に決められた返済金額・条件）を御破算にし返済猶予にしてしまいましたので、

今まで金融機関が与信管理（モニタリング）に使っていた延滞状況管理（返済動向管理）ができなくなってしまいました。そこで、経営改善計画の提出を中小企業に求めることになりましたが、悲しいかな、中小企業も金融機関の支店担当者も、その経営改善計画を策定する知識やスキルがありません。結局、会計や財務の知識・スキルがある税理士・公認会計士の先生に経営改善計画の策定をお願いするしかないことになってしまいました。平成24年8月施行の中小企業経営力強化支援法では、この経営改善計画を税理士・公認会計士が大半を占める認定支援機関の先生方に依頼しましょうということになりました。そして、現在では、返済猶予をしていない先であろうとも、将来返済が滞ることを見越してか、金融機関は融資先に対して経営（改善）計画の提出を求めるようになって来ました。

このような状況を考えれば、税理士・公認会計士の先生方は、顧問先・関与先の中小企業が経営改善計画を策定し、金融機関の本部審査部に融資の承認を取ることの支援を行わなければならないことになります。すなわち、銀行本部と連携を強化して、円滑な交渉を行う知識やスキルを身に付けなければならないことになったということです。

私としては、かつて「中小企業経営者のための銀行交渉術」という本を出し、「中小企業の経営者は、銀行から借入れ交渉をする時は、銀行の支店長や貸出担当者が拠り所にしている信用格付け（債務者区分）を勉強しましょう」と述べました。今回は、信用格付けよりもはるかに高い知識とスキルが必要な「経営（改善）計画」が金融機関の融資のキーワードになっています。中小企業の大半は、独力ではなかなか金融機関の求める経営（改善）計画を策定することはできません。税理士・公認会計士の先生がその支援を行わない限り、この計画は作成できず、また支店の貸出担当者よりも融資のスキルや知識また経験も豊富な金融機関の本部審査部メンバーとの連携や交渉もできないと思います。是非とも、本書によって、そのスキルや知識を習得していただき、顧問先や関与先

また新規先に対して、円滑な金融環境ができるように支援をしていただきたいと思います。

　とは言うものの、税理士・公認会計士の先生方にとっては、この中小企業の経営改善計画の策定支援や金融機関交渉支援は付帯業務から本業になる可能性があります。税理士が税務署に確定申告書を提出することは税務署に対する情報開示支援ですし、公認会計士が投資家やステークホルダーのために監査報告を提出することも情報開示支援です。金融機関に経営（改善）計画や決算書を提出することは、金融機関への情報開示支援ということになります。税理士・公認会計士にとって、中小企業の情報開示支援を本業と考える時代は、もう来ているのかもしれません。そう考えれば、この経営改善計画や金融機関との連携・交渉のスキルや知識を身に付けていない税理士・公認会計士の方々は、機能不全して、他の先生に顧問先や関与先がシフトされることになるかもしれません。今後は、金融機関からも中小企業に対して、「経営改善計画支援のできる税理士・公認会計士の先生にシフトしては如何ですか」と言うアドバイスがなされることになると思います。

　さて、私・中村中は、28年間勤めた三菱銀行（現在の三菱東京UFJ銀行）を退職して、コンサルティングを15年間やっています。その間、40冊を超える本を出すことができ、毎年30回程度の税理士・公認会計士の皆様への講演を続けています。お陰様で、講演会で知り合った方と共著を出すチャンスも何回かありました。今回も、縁あって、中村文子氏と共著を出版することになりましたが、従来の共著者とは違いバリバリの実務家の先生です。中村文子氏は現役の税理士で公認会計士、また認定支援機関で再生支援協議会メンバーでもあり、京都の公認会計士向けの私の講演会に来てくれました。講演会終了後に、多くの先生方と名刺交換をしながら質疑応答をさせてもらいましたが、その中に中村文子氏がいました。その後、関西で何回かの講演会を行いましたが、この中村文子氏は毎回多くの質問をしていただき、その問題意識に感心してお

りました。特に、ベテランと言われる先生方とは違い、日々、中小企業の書類作成やコンサルティングに汗を流されている先生の質問は、正に、税理士・公認会計士の現場の声に聞こえました。そこで、中村文子氏に「質問をまとめてください。丁寧に回答しますので」と申し上げましたら、その後の講演会で何十という質問が用意されていました。しかも、以前の質疑応答を文章にまとめていただいておりました。この内容が、本書の第1章と第5章の一部に反映されています。

　同時に、ある地域の税理士の勉強会に呼ばれ、その地域の大手金融機関の本部との交渉についての相談を受けました。私としては、既に、多くの金融機関本部との連携や交渉の経験をしておりましたので、その大手金融機関審査部メンバーとこの地域の13人の税理士勉強会メンバーと共同で研修会を実施しました。その共同研修会を経て、現在では、大手金融機関から具体的な案件をその勉強会メンバーに相談されるようになっています。この研修会のレジメや議事録を中村文子氏と纏めたものが、本書の第2章・第3章・第4章となっています。

　このような経緯を経て本書を作成することになりましたが、もともと、講演会後や勉強会での質疑応答から生まれた著作ということで、書籍化にはかなりの工夫と時間が必要になりました。株式会社ぎょうせいの方々には、本書の誕生に当たり、種々に亘りご支援をいただき、感謝申し上げます。

平成27年2月

中村　中

はじめに

　税理士・公認会計士が中小企業に対してどのような支援ができるかということは、先生方が日々思案されていることだと思います。私も顧問先をはじめ、その他の中小企業に対してどのような支援ができるかと模索し、税務業務などと並行し再生支援業務に携わらせていただいています。

　その中で、二つの点について疑問を感じていました。一つ目は、少しでも実効性の高い支援をするためには、どのようにスキルアップを行えば良いのかということです。といいますのは、支援対象となる中小企業は、経営者の考え方や金融機関との付き合い方による個別性が高く、また、資金、人材などの経営資源の制約が大きいため、その再生支援は、実務的なスキルが高くなければ、実効性の高い支援はできないからです。そのような中で、まず感じていたことは、「金融機関の仕組みや考え方が分からなければ、支援はスムーズに行かない」、しかし、一方で「金融機関の担当者にその仕組みや考え方について伺ってもなかなか明確な回答は得られない」ということでした。これでは、再生支援のスキルは、実務経験を重ねて身に付けるしかないものだろうか、それであれば、実効性の高い再生支援は、経験やノウハウを持った支援者でなければ難しいということになります。支援経験の少ない、または、無い税理士・公認会計士でも実践に必要な知識を身に付けられるような仕組みはできないだろうかと考えていました。

　二つ目は、私が関与させていただいた案件の中で、支援対象企業の財務状況がかなり悪化していても、顧問税理士が特段対策を講じられていないというケースがありました。このようなケースは、顧問税理士の先生からの指導を対象企業が受け入れなかった、または、受け入れられなかったのかもしれません。また、報酬や関与時間などの制限で指導ができなかったのかもしれません。しかし、中には、顧問税理士の先生に再生支援などの経験がなく、ご自身の業務であると認識されていない先生もいらっしゃると思います。私自身も再生支援業務に

関与していなければ、顧問先の支援はできないと思います。しかし、企業の最も身近にあり、その財務状況を把握している顧問税理士が対応をしなければ、手遅れになる場合があります。再生に着手した時期が遅く、取りうる策がほとんどないためにやむを得ず倒産してしまったケースもありました。顧問税理士が企業の状況を見て、必要な時に必要なアドバイスができる体制、つまり、顧問税理士が必要に応じて金融機関交渉や経営（改善）計画策定支援を行うということが一般的になれば、手遅れになる中小企業を一社でも少なくすることができるのではないかと考えていました。

この二つの疑問の私なりの解決策は同じもので、税理士・公認会計士が中小企業の金融機関交渉や再生支援のスキルを体系的に基礎から学べ、実践に関するサポートが受けられるバックアップ体制があればよいなあと考えていました。

このような中で、平成25年の秋に本書の共著者の中村中氏の講演に参加しました。そこでは、金融機関の仕組みや考え方について、また、多くの再生支援経験から支援方法を実践的で分かりやすく説明いただきました。その後、他の税理士・公認会計士と中村中氏に対して様々な質問や議論をさせていただき、その内容をできるだけ多くの税理士・公認会計士の先生方に紹介する機会があればと感じ、議事録を作成したことが本書の執筆のきっかけとなっています。

私自身は、税理士・公認会計士の先生方に向けて再生支援とはいかにあるべきかなどとお伝えできる立場には到底ありませんが、再生支援について税理士・公認会計士の目線で疑問に感じる点がどこなのかということはよく分かります。そのような点について納得ができるまで勉強会で検討し、その内容を本書に記載しましたので、先生方の支援業務の参考にしていただけるのではと期待しています。

また、私が以前から考えていた「税理士・公認会計士の再生支援業務のためのバックアップ体制」は、中村中氏が既に実施されていた内容に

近く、今後、ますます利用しやすい体制へと整備を検討していますのでその内容も紹介させていただいています。税理士・公認会計士の先生方の中小企業支援に少しでも本書がお役に立てれば幸いです。

平成27年2月

中村　文子

目　次

はじめに

第1章　中小企業再生支援のための税理士・公認会計士の勉強会

1　税理士に期待される中小企業再生のための役割 ………… 2
　(1)　経営改善計画策定支援事業において税理士が期待されている役割 ………………………………………………… 8
　　　Q-1-1　経営改善計画策定支援事業と税理士・公認会計士の関わり　8
　　　Q-1-2　経営改善計画策定支援事業の補正予算の設定方法　9
　　　Q-1-3　中小企業の情報開示と税理士・公認会計士の支援　11
　(2)　経営改善計画策定支援事業に携わるための具体的方法 …… 14
　　　Q-1-4　経営改善計画策定支援事業に携わる入り口　14
　　　Q-1-5　金融機関と連携するために　15
　(3)　今後どのように税理士が中小企業の活性化や再生支援に関わっていくべきか ……………………………………… 19
　　　Q-1-6　今後の会計事務所の収益の柱になるか？　19
　　　Q-1-7　経営改善計画策定支援事業の補助金は継続するのか？　21
　　　Q-1-8　金融機関をとりまく国際的な潮流　21
　　　Q-1-9　顧問先の情報開示支援業務について　22

2　金融機関と連携や交渉を行うために理解しておくべき金融機関の仕組み ………………………………………… 24
　(1)　経営改善計画策定支援を行う際に理解しておくべき項目 …… 24
　　　Q-1-10　経営改善計画策定支援を行う際の金融機関への相談　24

　　　　Q-1-11　金融機関への支援依頼のポイント　27
　　　　Q-1-12　DDSの活用　39
　　　　Q-1-13　L/Cを開設している会社の金融機関交渉　43
　　　　Q-1-14　金融機関の規模による支援の違い　45
　　　　Q-1-15　業種転換などを行う場合　48
　　　　Q-1-16　再生支援に関して相談する機関について　49
　　(2)　顧問先をサポートする際に理解しておくべき項目・・・・・・・・・・・57
　　　　Q-1-17　金融機関との付き合い方について　57
　　　　Q-1-18　金利交渉について　63
　　　　Q-1-19　シンジケートローン、私募債　64
　　　　Q-1-20　経営者保証ガイドライン　66
　　　　Q-1-21　粉飾に関する金融機関の考え方　67
　3　経営改善計画策定支援の具体的手法・・・・・・・・・・・・・・・・・・・・・・71
　　　　Q-1-22　業績改善に関する支援手法　71
　　　　Q-1-23　廃業勧告に関する留意事項　74
　　　　Q-1-24　再生の成否ポイント　76
　　　　Q-1-25　窮境状態への対応　80
　　　　Q-1-26　再生支援のチーム編成　81

第2章　中小企業再生支援のための税理士と金融機関の連携・交渉

　1　税理士等と銀行員の隔たり・・・・・・・・・・・・・・・・・・・・・・・・・・・・84
　　(1)　税理士・公認会計士と中小企業の太いパイプを銀行員は気付いていない・・・・・・・・・・・・・・・・・・・・・・・・・・・・・・・・・・・・84
　　(2)　銀行員の税理士等に対する誤解・・・・・・・・・・・・・・・・・・・・・・84
　　(3)　税理士等の金融機関貸出業務への学習振りを銀行員は知ら

　　　　ない ·· 86
2　税理士と銀行員の相互理解の重要性 ···················· 89
3　金融機関本部メンバーとのQ&A ························ 92
　　Q-2-1　金融機関が求める税理士・公認会計士の見極め方　92
　　Q-2-2　損益状況改善への事業DDの検討について　94
　　Q-2-3　企業内部に入り込んだモニタリングについて　97
　　Q-2-4　相互の目線を共有する中小企業庁のサンプルA　100
⑴　表　紙 ·· 100
⑵　債務者概況表 ·· 103
⑶　会社概要 ·· 104
⑷　過去の業績推移 ··· 106
⑸　金融機関取引状況 ·· 118
　　Q-2-5　事業DDを反映する具体的な収益改善　120
　　Q-2-6　事業DDの具体的手法の説明　124
　　Q-2-7　効果的なモニタリング体制と報告　131
　　Q-2-8　新組織とセグメント計画　134

第3章　個別経営改善計画への税理士と金融機関の連携・交渉の実務

1　本部・審査部の審査ラインからの要請事項 ············ 138
2　本部審査ラインの要請事項に関する有志税理士とのQ&A ·· 142
　〈計画書全般に関する要請事項〉 ··································· 142
　〈計画書の個別項目への要請〉 ······································ 147
3　勉強会メンバー税理士から金融機関への回答例 ········ 152
　〈全般〉 ··· 153
　〈計画書〉 ·· 156

第4章 税理士と金融機関本部の連携への勉強会

1 金融機関の独占禁止法抵触防止のために・・・・・・・・・・・・・・166
 (1) 独占禁止法の制約・・・・・・・・・・・・・・・・・・・・・・・・・・・・・・・・・166
 (2) バンクミーティングと経営改善計画サンプルＡ・・・・・・・・・・168
2 コンサルティングの落とし穴を防ぐために・・・・・・・・・・・・・170
 (1) 利益相反・双方代理・・・・・・・・・・・・・・・・・・・・・・・・・・・・・・・171
 (2) 非弁行為・・172
 (3) 個人情報保護・・・・・・・・・・・・・・・・・・・・・・・・・・・・・・・・・・・・173
3 金融機関は中小企業の経営改善計画策定支援をどこまでできるのか・・・・・・・・・・・・・・・・・・・・・・・・・・・・・・・・・・・・・・・175
 (1) 金融機関は中小企業支援を要請されているが・・・・・・・・・・・175
 (2) 金融機関の経営改善計画策定支援の限界・・・・・・・・・・・・・・・179
 (3) 金融機関は経営改善計画策定支援を税理士などに要請したいはず・・180
4 今後の税理士・公認会計士・認定支援機関と金融機関連携による中小企業支援・・・・・・・・・・・・・・・・・・・・・・・・・・・183
 (1) 住宅ローンの稟議書はハウスメーカーやマンション業者にほとんど任されている・・・・・・・・・・・・・・・・・・・・・・・・・・・・・183
 (2) 将来は、中小企業の稟議書を税理士・公認会計士・認定支援機関に任されることになるかも・・・・・・・・・・・・・・・・・・・・186
 (3) 稟議書によって、金融機関内部の組織と決定権限を推察しよう・・・189
 (4) 金融機関の返済猶予の稟議は税理士・公認会計士・認定支援機関との連携・支援が必要・・・・・・・・・・・・・・・・・・・・・・・191

第5章　財務金融アドバイザー通信講座
〜金融機関本部との連携・交渉のために〜

財務金融アドバイザー講座案内・・・・・・・・・・・・・・・・・・・・・・・・・・・・・・201
 Q–5–1　特徴と独自性　204
 Q–5–2　受講対象者　205
 Q–5–3　会計事務所職員の受講　206
 Q–5–4　ベテランの先生方の受講　206
 Q–5–5　銀行員の受講　207
 Q–5–6　通信講座修了後のフォロー体制　208

おわりに

第1章

中小企業再生支援のための税理士・公認会計士の勉強会

1 税理士に期待される中小企業再生のための役割

　税理士・公認会計士のメンバーと資金調達コンサルタントである中村中で、「中小企業活性化、地方創生について税理士・公認会計士がどのように支援できるか」というテーマで以前より勉強会を重ねてきました。税理士・公認会計士の先生方は、関与先の中小企業に対して税務業務や会計業務、また、資金繰り指導、経営指導などを実施され、日常的に中小企業活性化のための支援を行われていますが、税理士・公認会計士の強みを活かした、より踏み込んだ支援はできないかという議論を行いました。

　当面の大きな課題は、金融円滑化法終了後において経営改善計画が策定されていない中小企業の経営改善計画策定支援及び再生支援を具体的に進めていくことであるという共通の認識を持ち、「中小企業の再生支援」というテーマに絞って集中して勉強会を開催しています。そこで、この第1章では、税理士・公認会計士の先生が中小企業の活性化のために再生支援にどのように携わっていくべきかについて検討した勉強会の内容を紹介いたします。

　再生支援や経営改善計画策定支援、中小企業支援ネットワークなどについて馴染みのない先生方もいらっしゃるかと思いますので、まずは、この勉強会に新しく参加を希望している若手の**山本税理士**から、彼の先輩であり、勉強会主催者である**田中税理士**への相談の対話を引用します。

・・・・・・・・・・・・・・・・・・・・・・・・・・・・・・・・

山本税理士（経験の浅い新人）：会計事務所を退職し、独立してから1年ほどになります。勤務時代と同様に中小企業を対象に税務業務を行っています。何とか自分の事務所を軌道に乗せようと頑張っているのですが、新規顧客の獲得も難しい上に、退職時に勤務事務所か

ら暖簾分けいただいた顧問先の多くも非常に業績が悪化し、今後が不安です。

田中税理士(経験の長いベテラン)：山本さん、ご自分の事務所の心配をされるなら、まず、顧問先の経営を健全化することが重要ですね。ちゃんと資金繰計画や経営改善計画の策定支援は行っていますよね？

山本税理士：実は、そのノウハウが自分に無いのでどうすれば良いのかと……。それに、財務状況の悪い顧問先は資金的に余裕がなく、支援を行ったとしても現状の税務業務分以上に報酬をいただくことが難しそうで、独立したての自分にはかなり厳しいものがありまして……。皆さんどのように実務をこなされているのか教えていただきたく勉強会への参加を希望したのです。

田中税理士：山本さんは経営革新等支援機関（以下、認定支援機関）の認定は得ていますか？

山本税理士：申請が難しそうで手付かずのままです。認定支援機関になれば、仕事の紹介をしてもらえるのでしょうか？

田中税理士：いやいや……そういう話ではないです。山本さんの場合、認定支援機関として、経営改善計画策定支援事業や経営力強化保証を利用して顧問先へのサービス向上に役立てられるのではないかと思います。

山本税理士：認定支援機関や経営改善計画策定支援事業について中小企業庁のホームページやパンフレットなどで確認したことはあるのですが……。認定支援機関は、平成24年8月に施行された中小企業経営力強化支援法により制度化された機関で、中小企業等が安心して経営相談等が受けられるように、専門知識や実務経験が一定レベル以上の者に対し国が認定する公的な支援機関であるということは知っています。既に認定機関数は2万3,000件を超えたとホームページに書いてありました。経営改善計画策定支援事業は、金融機関からの金融支援が必要な中小企業等に対して認定支援機関が経営改善計画策定支援を

行った場合、費用の一部が補助金として支給される事業ですよね。実際に利用するには要件等がいろいろありそうでややこしそうなイメージです。中小企業の再生支援は経営改善計画策定支援事業でないとできないものなのですか？この勉強会は認定支援機関でないと参加できないのですか？

田中税理士(ベテラン)：この勉強会は、税理士・公認会計士が中小企業の活性化のためにどのようなことができるか意見交換し、また、それに関する考え方や方法を検討し、実践を行っていくための勉強会なので、特定のスキームに縛られるものではありません。再生支援により会社の業績が改善され、資金繰りに余裕が出れば、補助金をあてにせずとも報酬をいただくことは可能だと思いますから、結論は、認定支援機関や事業に縛られず実効性のある支援を行えば良いということですよ。しかし、経営改善計画策定支援事業は初年度で2万件の案件処理が想定され、平成24年度の補正予算として400億円以上が設定され、国が注力している事業だから顧問先にとって有利であれば積極的に活用することが好ましいでしょう。

山本税理士(新人)：2万件、400億円ですか！すごく間口が広いのですね。私が知らないだけでこの事業で多くの中小企業が再生支援されているのですね。しかし、そんなに多くの対象企業があるということにも驚きですね。

田中税理士：実際の支援数は予定通りにはいっていませんが、支援が必要となる企業は多数あります。金融円滑化法で返済猶予を受けた企業は、1年以内に経営改善計画を策定し金融機関に提出して、返済計画を実行することが条件だったのですが、多くの会社が手つかずのまま、金融円滑化法の終了を迎えてしまっています。未だに経営改善計画を策定できていない返済猶予中の貸出先40万社、貸出金額にして100兆円がこの事業の対象なのです。

山本税理士：そういえば、私の顧問先も返済猶予を受けたままになって

います。特に金融機関から経営改善計画の策定を要請されているという話は聞いていませんが。金融円滑化法は、平成25年3月で終了していますから、だいぶ時間が経っていますよね。返済猶予のまま放置されている会社がそんなに多く残っているということなのですね。

田中税理士：山本さんの顧問先が手つかずの状態と同様に他の企業も金融機関から特段要求が無かったり、顧問税理士が策定支援を行わない等の状況であれば、企業自ら経営改善計画を策定するのは難しいでしょう。

　もちろん、金融機関も認定支援機関もこの事業を進めたいという意思がありますが今のところスムーズに動いていません。その理由は、認定支援機関である税理士・公認会計士と金融機関の連携が十分できていないということが最も大きな原因だと考えます。金融機関は、返済猶予先に対して正常な経営改善計画の策定を進めたいけれども、自行でコンサルティングを行うには様々な制約があります。といって、認定支援機関である税理士・公認会計士に依頼を行うにも、しっかりとした経営改善計画が策定されるか不明であり、どのように連携すれば良いかイメージができていないということだと思います。この勉強会では、税理士・公認会計士と金融機関の連携をどのように進めていくかについて検討を重ねています。

山本税理士：しかし、地域の交流会で地銀や信用金庫の支店長と定期的に顔を合わせていますが、そのような話は聞いたことはありません。

田中税理士：そういった案件の多くは金融機関の本部管轄となっているため支店長の管轄ではない可能性はありますね。少し前ですが私も某地銀の支店長にこの話をしたらそのような案件が金融機関に多くあることを全く知らないという返事が返って来ましたからね。何故、支店長を窓口にすると上手く進まないのか、また、金融機関が自ら中小企業の再生支援を行うことにどのような制約があるのかなど、金融機関の仕組みについてしっかり勉強してください。実行性の高い再生支援

を行うためには金融機関の仕組みを理解することは不可欠です。

山本税理士(新人)：分かりました。再生支援を行う上で他に重要なポイントがあれば教えてください。

田中税理士(ベテラン)：最も重要なポイントは「情報開示」ですね。始めは、少しとっつきにくい話に聞こえるかもしれませんので、順を追って説明しますね。返済猶予は、本来、借入ごとに返済条件が決まっていたものを一旦、御破算にするということは分かりますよね。返済猶予を行えば、従来の返済条件はもう関係なくなります。そして、経営改善計画の策定により返済計画を決めます。つまり、その企業の借入金残高をその後の事業により獲得する資金（キャッシュフロー）や遊休資産の処分により得た資金により、無理のない条件で返済できるように計画を立てます。もちろん、無理のないといっても企業の都合に合わせるという意味ではなく、企業が最大限に努力して、かつ金融機関が合意できる実現可能な返済ということです。

山本税理士：なるほど、経営改善計画を策定する際には、企業のキャッシュフロー計画などに応じて返済条件を計画するということですね。そうなると、金融機関の回収は企業の状況を加味したものになるということですね。企業のキャッシュフローが短期間に大幅に改善されるのであれば、以前の回収条件に近い条件で回収できるかもしれませんが、そうでない企業では長期に亘って回収したり、場合によっては債権放棄を行ったり、利息の減免を行ったりすることが必要になるということですね。

田中税理士：その通りです。ある側面から見ると貸付というより出資、エクイティに近い性質のものになると考えられませんか？

山本税理士：金融機関が中小企業に出資？　そのような発想はなかったです。しかもそうなると、金融機関は投資家のように中小企業の状況に従来以上に注意を払う必要がありますね。普通、金融機関と中小企業の間には人的関係がない訳ですし、まさか、金融機関の担当者が全

ての取引先中小企業の役員になる訳にもいきませんよね。……だから、「情報開示」が必要になるのですね！でも、多くの中小企業にとって情報開示というものは馴染みがない上に、上場企業のように管理にコストや人員を割くことが難しいと思います。

田中税理士：だから、税理士・公認会計士の支援が必要なのですよ。私たち税理士は、決算書や勘定内訳書などを普段から作成しているので、中小企業の事業計画や会社説明書などの情報開示の支援を行うことに抵抗はありませんよね。

山本税理士：なるほど、事業計画や会社説明書の作成の経験はないですが、企業の財務情報を取りまとめるのは、税理士が普段からやっている仕事ですから、作成方法（第2章以降参照）さえ身に付ければ、企業を支援できると思います。

田中税理士：税理士・公認会計士は、従来の税務業務や会計業務等で様々な中小企業の状況や経営者の考え方を理解して、連携を行うというスキルを身に付けていると思います。その上、専門家としての会計の知識があるので、中小企業の「情報開示」の支援は、うってつけの業務であると感じています。

　多くの中小企業は複数の金融機関から借入を行っていますから、複数行から合意を得られるように意見調整を行う必要があります。これも税理士・公認会計士が企業の支援を行う必要があるのです。

山本税理士：なるほど、だから税理士・公認会計士は、金融機関の仕組みをよく理解して、企業だけではなく、金融機関とも連携することが必要なのですね。

田中税理士：そうです。正に、中小企業、金融機関、税理士・公認会計士等が連携して地域の活性化を図るという中小企業支援ネットワーク、ひいては、中小企業経営力強化支援法の考え方ですね。

　以下では、経営改善計画策定支援事業や再生支援の基本を理解するた

めに、**山本税理士**が勉強会で行った質問のやり取りを紹介いたします。回答は、主に資金調達コンサルタントで、旧三菱銀行にて支店長、融資部、営業本部、商品企画などを経験し、金融機関の仕組みを知り尽くしている**中村中**が行いました。

(1) 経営改善計画策定支援事業において税理士が期待されている役割

Q-1-1 経営改善計画策定支援事業と税理士・公認会計士の関わり

山本税理士(新人)：金融機関には返済猶予中の貸出先が40万社、100兆円を超える水準であり、それらの企業に経営改善計画の策定が必要であるということは理解したのですが、経営改善計画の策定支援を金融機関主導で行うことは何故難しいのでしょうか？

中村中：それほどの案件を金融機関主導で正常化するには金融機関にはマンパワーが足りない状況なのです。平成になってバブルがはじけ、金融機関は20年以上もリストラを続け、顧客との接点である支店の外回り課(業務課・営業課)の人数を大幅に圧縮してきました。また、多くの中小企業は複数の金融機関から融資を受けています。メイン銀行が複数の金融機関の意見を統一して、弱者の中小企業の返済条件などを決めるということは、独占禁止法上問題があると見られるかもしれません。したがって、金融機関の多くは、中小企業に踏み込んだ経営相談・助言・指導は、かつてのようには、なかなかできません。そこで、企業が会計・税務の専門家である税理士・公認会計士に委託することができるように中小企業経営力強化支援法で検討が行われたのです。

田中税理士(ベテラン)：税務申告や法定監査のみを行っている税理士・公認会計士の先生方もいらっしゃるので、中小企業への支援を行える、また行いたいとお考えの先生方を認定支援機関として登録し、支援を行ってもらおうということになったのです。

複数金融機関からの借入条件や返済条件の変更を行うには、じっくり中小企業自身と1対1で話し合って、各金融機関の立場も理解して決めなければなりません。税理士・公認会計士は経営者と1対1で向き合い、経営者の意見を理解し、実現可能性の高い計画をともに検討することができますので、再生のための現実的な支援をすることが可能となるのです。

> 【ポイント】
> 返済猶予中の貸出先40万社を正常化するには、税理士等の認定支援機関の協力が不可欠な状態である。

Q-1-2 経営改善計画策定支援事業の補正予算の設定方法

山本税理士：経営改善計画策定支援事業の補助金の補正予算は400億円以上となっていたと聞きましたが、この金額の設定はどのように行われたのですか？

中村中：全返済猶予先40万社のうち、15％の6万社について早急に対策が必要であり、その1/3の2万件を1年間で処理することを想定していました。そして、認定支援機関に登録された税理士・公認会計士の先生方は盛業中であるため、2か月程度の期間、経営改善計画に関与してもらうために本業で稼ぐ報酬額の2か月分と思われる300万円、そのうちの2/3の200万円を補助金として支給することを見込みました。200万円×2万件で400億円の予算が設定されたのです。

山本税理士：計画の策定1件について300万円の報酬ということですか？　かなりの高額のように思うのですが。

田中税理士：それは大きな誤解ですね。経営改善計画策定支援というのは、対象企業の財務状態等の実態把握のための財務DD（デューデリジェンス・調査）、事業内容等の実態把握のための事業DD（デュー

デリジェンス・調査)、今後の計画遂行への組織改革、各組織のセグメント計画、モニタリングなどの業務を含めることから、必要なスキルを持った盛業中の税理士・公認会計士の先生が2か月から3か月程度、集中して取り組む必要があります。また、経営改善計画策定の体制づくり・事務所内メンバーの教育という意味もありました。盛業中の先生方の採算を勘案して参入できる水準を設定したということですね。

中村中：その通りですね。報酬がかなり少額で、決められたフォーマットに空所補充して、計画の数字を作るだけのものや、体制の見直しの不要な小企業を対象にした事例もあるようです。しかし、この事業の本来の目的は、下図のようなプロセスを通過し、再生の実効性が高く、企業として将来の指針となる計画を策定し、地域に貢献する中小企業

図表1-1　経営改善計画の作成手順

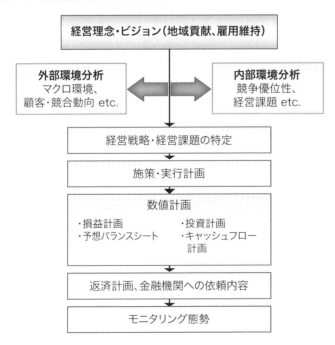

を活性化させることであり、会社の組織の見直しや業態変更などの抜本的な改善を行う計画も期待されています。

【ポイント】
経営改善計画策定支援事業は、地域活性化に貢献する中小企業に適切な支援を行うための制度であり、当初は1年間で2万件の処理を1件当たりの報酬額を300万円程度で行うことを想定していた。

Q-1-3 中小企業の情報開示と税理士・公認会計士の支援

山本税理士(新人):返済猶予中の貸出をエクイティと考えるということについて金融機関からの目線で説明をいただけますか?

中村中:返済猶予とは、見方を変えれば、低利率で長期間の融資を受けるエクイティファイナンスと看做すことができると思います。

図表1-2

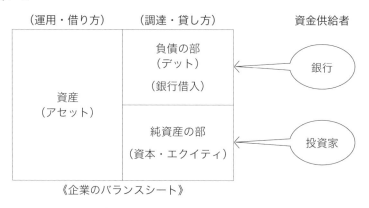

《企業のバランスシート》

つまり、日本の金融機関は現状の中小企業への返済猶予中の債権、約100兆円は投資と考えるべきかもしれません。柔軟に考えれば、貸出の返済を止めて資本金と入れ替える「デッド・エクイティ・スワップ(DES)」を行っているとも、また資本性借入金と貸出の一部を交

換する「デッド・デット・スワップ（DDS）」と看做すこともできます。その資本性借入金は、業績不振の時は返済を行わず低利とし、好調の時は高い金利に変更して返済をスタートすればよい借入で、これは、個別の企業に対して行う再生の典型的な手法です。

田中税理士(ベテラン)：いわゆるDESやDDSの手法ですね。

中村中：そうです。もっと大きな視点から話をすると、金融機関の信用状況を常に国際的な視点で監視しているIMF（国際通貨基金）やバーゼル銀行監督委員会は、地域金融機関の返済猶予の貸出資産に対して厳格な目線で見ると不良債権と見做されるかもしれません。金融機関に対する監査法人からも同様な指摘があるかもしれません。しかし、このような指摘があった場合には、これらの債権を実質、資本性借入金とか、エクイティに転換したと説明したとすれば、中小企業への支援という論理と、しっかりした情報開示資料が金融機関の内部にあったとすれば、問題ないと扱われるかもしれません。自行庫の自己資本比率のために、返済猶予中の貸出を回収することばかりを考える必要はなくなるものとも思います。

山本税理士(新人)：なるほど。そのために中小企業は、上場企業とは違った形にせよ、しっかりとした計画を作成し、内部管理体制を整備して、情報開示を行う必要があるということですね。そして、その支援を税理士が企業と1対1でしっかりと向き合い実施するということはイメージできました。しかし、家族経営的な小企業の場合は物理的に難しいと思います。そのような企業も日本には多くありますから、そのような企業の場合、どのように考えるのですか？

中村中：そうですね。そのような企業の場合はまた違う話になりますね。小企業の場合、再生のための取りうる策も限定されていますし、借入のほとんどが保証協会の保証付という場合が多く、金融機関調整についても変わって来るでしょう。

田中税理士：家族経営的な小企業の再生支援はその他の再生支援と切り

図表1-3　貸付条件の変更等の状況について（確報値）
　　　　（平成21年12月4日から平成26年3月末までの実績）

【債務者が中小企業者である場合】

上段は件数、下段括弧内は金額（単位：億円）

	申込み(A)	実行(B)	謝絶(C)	審査中	取下げ	実行率① (B)/[(B)+(C)]	実行率② (B)/(A)
主要行等（9）※1	718,969 (369,017)	673,921 (350,477)	17,741 (8,928)	11,467 (3,825)	15,840 (5,786)	97.4%	93.7%
地域銀行（106）※2	2,522,846 (706,690)	2,372,417 (672,737)	62,544 (15,760)	24,425 (5,779)	63,460 (12,412)	97.4%	94.0%
その他の銀行（26）※3	36,081 (5,346)	31,015 (4,192)	2,771 (993)	221 (13)	2,074 (147)	91.8%	86.0%
信用金庫（268）※4	1,885,042 (351,462)	1,781,540 (333,700)	41,466 (7,329)	17,886 (3,394)	44,150 (7,033)	97.7%	94.5%
信用組合（156）※5	289,563 (58,309)	275,637 (55,572)	4,730 (1,100)	2,062 (424)	7,134 (1,211)	98.3%	95.2%
労働金庫（14）※6	4 (5)	4 (5)	0 (0)	0 (0)	0 (0)	100.0%	100.0%
信農連・信漁連（66）※7	9,088 (4,181)	8,695 (3,921)	157 (129)	62 (27)	174 (100)	98.2%	95.7%
農協・漁協（837）	67,980 (7,916)	65,462 (7,192)	1,154 (342)	268 (57)	1,096 (319)	98.3%	96.3%
合計（1482）	5,529,573 (1,502,926)	5,208,691 (1,427,796)	130,563 (34,581)	56,391 (13,519)	133,928 (27,008)	97.6%	94.2%

※1　主要行等とは、みずほ銀行、みずほ信託銀行、三菱東京UFJ銀行、三菱UFJ信託銀行、三井住友銀行、りそな銀行、三井住友信託銀行、新生銀行、あおぞら銀行をいう。
※2　地域銀行とは、地方銀行、第二地方銀行及び埼玉りそな銀行をいう。
※3　その他の銀行とは、主要行等・地域銀行を除く国内銀行をいう。ただし、平成24年9月10日に解散した日本振興銀行の計数を含む。
※4　信金中央金庫の計数を含む。
※5　全国信用協同組合連合会の計数を含む。
※6　労働金庫連合会の計数を含む。
※7　信農連、信漁連はそれぞれ信用農業協同組合連合会、信用漁業協同組合連合会の略。農林中央金庫の計数を含む。
※8　記載金額は、億円未満を切り捨てて表示。
※9　左端の欄中の括弧内は、平成26年3月末時点の金融機関数。
※10　件数は、貸付債権ベース。

（金融庁HP　報道発表資料　平成26年6月27日より）

分けて考えた方が良いですね。例外もあると思いますが、私の経験上、検討する項目や必要なスキル、従事日数等は全く違うものである場合が多いですね。

> 【ポイント】
> 中小企業は、今後、情報開示を行える体制整備が必要となり、そのサポートを税理士等の認定支援機関は期待されている。

(2) 経営改善計画策定支援事業に携わるための具体的方法

Q-1-4 経営改善計画策定支援事業に携わる入り口

山本税理士(新人)：経営改善計画策定支援事業に携わらせていただきたいのですが、どうやって対象を見つければよいのでしょうか？認定支援機関に登録すれば、自動的に割り振りされるのですか？

田中税理士(ベテラン)：しつこいようですが、認定支援機関の登録は仕事紹介のためのものではありません。山本さんの場合は、まずは顧問先を対象として実施することですね。それ以外は、顧問先以外の中小企業の支援を金融機関から依頼される場合があります。現状では金融機関から広く税理士・公認会計士に依頼される仕組みが一般的になっていませんので、税理士・公認会計士から金融機関へ働きかけを行う必要があります。

山本税理士：田中さんが、以前におっしゃっていた支店長ではなく、金融機関本部への働きかけですか？

中村中：そうです。金融機関の本部（審査部、法人部など）に対し積極的に働きかけを行う必要があります。その理由は、大口融資先であるため、または、貸出条件等が複雑で専門知識が必要であるために、支店では処理できない企業は、本部管轄となっているのです。融資を行っているのが自行のみの場合や自行の貸出シェアーが圧倒的な主力行で

ある場合は、その金融機関独自で対応できますが、複数行から借入を受けている企業に対しては、独占禁止法への抵触などから金融機関同士の調整ができず、手つかずになっていることが多いようです。

それらの企業の先延ばしになっている計画策定を金融機関は認定支援機関の先生方にお願いしたいと思いながらも、なかなか踏み切れないでいます。何故なら、税理士・公認会計士の先生方が金融機関の求める水準の支援を行ってくれるか、経営改善計画を策定する能力があるのか、また、それらの金融機関のことや計画のことを経営相談、助言、指導を交えて中小企業に説明する能力があるのかなど、金融機関から見るとまだまだ未知数だからです。

> 【ポイント】
> 金融機関から税理士へ支援が必要な案件の紹介が一般的となっていない一因は、税理士の再生に関する能力が金融機関に理解してもらえていないことによる。

Q-1-5 金融機関と連携するために

山本税理士：金融機関からのニーズはあるのに、税理士側の体制整備が不明確であるために支援事業の実行が遅れているということですね。具体的にどのように対応すれば解決するのでしょうか？

田中税理士：まず、私たち税理士・公認会計士が、金融機関の担当者が認定支援機関に要求するスキルや知識を習得することが必要ですね。勉強会や研修への参加、実践によりノウハウを習得することですが、その際に留意しておくべきことは、金融機関の目線が必要だということです。会計や情報開示のスキルにたけていても、金融機関の考え方が分からないと連携することが難しいと実感しています。

中村中：この不整合を解消するためには、金融機関に税理士・公認会計

士の先生方のレベルを伝えることが必要だと思われます。私が副理事長をしている一般社団法人 資金調達支援センターの「財務金融アドバイザー通信講座」(第5章参照)について某金融機関の本部・審査部のメンバーにその実施内容を説明しました。そのメンバーは、支援業務に携わるために欠かせないスキルや知識をこの通信講座で習得できることを認めてくれました。そこで、一つの方法としては、税理士・公認会計士の先生方にこの講座を受講いただき、認定証を提示することができれば金融機関への説明はスムーズに行くと思います。先生方に対応した金融機関の担当者がこの講座を知らない場合はテキスト等を提示し、このレベルの勉強をしていると説明いただければ、納得が得られると思います。

山本税理士(新人)：分かりました。早速、金融機関の目線を心がけながら勉強を始めます。他に、気になる点ですが、金融機関から案件依頼をいただけることは理想ですが、それぞれの企業の多くは既に顧問税理士がいらっしゃると思います。

田中税理士(ベテラン)：確かに顧問税理士がいらっしゃっても顧問契約の条件や事務所のマンパワー等の制約、またその税理士自身に再生のスキルがないために支援が手つかずの企業が多くありますね。かつての山本さんもそうでしたよね。その場合、金融機関から経営改善計画策定支援を得意とする税理士・公認会計士を紹介してもらって中小企業への支援体制を構築することが必要になるのです。そうでなければ、顧問税理士の先生に支援してもらえない中小企業は独力で経営改善計画を策定しなければなりませんし、それができないならば、その企業は金融機関からの金融支援を受けることが不可能になりますよね。

山本税理士：なるほど、私がここでしっかり勉強しなければ私の顧問先も他の税理士・公認会計士の先生に依頼するか自力で頑張るかということになるのですね。

具体的に金融機関本部にはどのように支援先企業の紹介依頼を行えばよいでしょうか？

中村中：金融機関に人脈やネットワークをお持ちの先生は、金融機関の支店ではなく本部・審査部に行って、本部が抱えている返済猶予先等の経営改善計画策定支援を申し出てください。もし、金融機関の担当者が既に会社に入っておられる顧問税理士の存在を気にされるようでしたら、その担当者に、顧問税理士の先生のあるべき姿を経営者に説明することを頼んでください。顧問税理士の先生が支援できる場合は、その先生に経営者から金融機関が求める経営改善計画の策定支援をお願いしてもらってください。そうでない場合は、別の先生方が支援するべきである旨をその金融機関の担当者に説明をすることを依頼してください。

　とは言っても中小企業の経営者としては既存の顧問税理士に「とてもそのようなことを言うことはできない」と言うかもしれません。しかし、既に何年もの間、銀行などから要請された経営改善計画の策定支援をしてくれなかった先生だったのですから、その経営者も背に腹は代えられないはずです。

田中税理士：どこに支援を依頼するかを決めるのは経営者ですが、税理士がそのような支援を行ってくれることを知らない経営者もいらっしゃるので、金融機関の担当者に経営者に対して税理士の支援について説明してもらうようにお願いする必要がありますね。そのためには、まず、金融機関の担当者に税理士・公認会計士がどのような支援を行える体制なのかを知ってもらうことが何よりも必要ですね。

山本税理士：しかし、金融機関の本部に馴染みがない自分としては、その交渉はすごくハードルが高いように思います。

田中税理士：繰り返しになりますが、そのために金融機関の仕組みをしっかり勉強することですね。

中村中：金融機関本部の基本的な考え方や仕組みは金融検査マニュアル

か、または監督指針に沿ったものです。それを念頭に勉強してもらえばいいと思います。先ほど紹介しました通信講座でもこれらの考え方の基本を説明しています。

山本税理士(新人)：一方で、少し心配に思っているのが、金融機関から依頼を受けて経営改善計画策定支援を行う場合、依頼してきた金融機関が既に支援手法の出口を決定しており、その裏付けとして計画を策定するという仕事になりませんか？

中村中：それはないですね。単独行からの借入取引については金融機関自身で経営改善計画のアドバイスを行うと思います。金融機関の本部から依頼されるケースは、複数の金融機関から借入れを行っている企業のはずです。この複数行から借入を行っている場合は、税理士などがアドバイスをして、調整を行わなければ合意を取り付けることはできない状況です。仮に、ある金融機関が、他の金融機関と示し合わせて方向性を決めたいと考えたとしても、独占禁止法等の規定により当該金融機関は他行と調整することはできないのです。強者である金融機関が弱者である借り手中小企業に対して、カルテルを組んで金融機関同士で弱者の中小企業の借入条件について相談することは現在では独占禁止法で禁じられています。したがって、会社と1対1の関係にある認定支援機関または税理士・公認会計士の先生が複数行を調整して経営改善計画を取りまとめるしかないのです。

　その他に金融機関にとって心配なことがあります。返済猶予先の企業に対して、他行が単独にまたは足並みをそろえずに貸付の回収を行うことです。話は、やや横道にそれますが、年間返済金額、月間返済金額で企業の資金繰りや経営が左右されるのです。多くの取引金融機関のうち、一行でも借入金の全額の返済を求めるとしたならば、その分割返済額は大きな金額となり、この企業は直ちにキャッシュ不足になり破綻となるのです。したがって、金融機関は他行が、自行に告げ

ずに返済を強要する動きがとても気になるのです。それを調整する司令塔役である認定支援機関などの存在は重要なのです。
山本税理士：よく分かりました。複数行取引の場合は、金融機関もセンシティブに対応を行う必要があり、そのような案件こそが、税理士・公認会計士が支援を行うに適している企業ということですね。

> 【ポイント】
> 金融機関に税理士の再生支援の能力を理解してもらうため、また支援を実効的なものとするために、スキルや知識の取得を行い、金融機関にその旨を伝える必要がある。

(3) 今後どのように税理士が中小企業の活性化や再生支援に関わっていくべきか

Q-1-6 今後の会計事務所の収益の柱になるか？

山本税理士：経営改善計画策定支援及び再生支援は、自分の事務所にとっては、今までにない新たな業務になります。これを事務所の収益の柱として今後、職員も巻き込んで取り組むべきでしょうか？ それともブームのような一過性のものとして対応すべきでしょうか？

中村中：中小企業の自己資本比率は低く、必要資金は、ほとんど金融機関から調達しています。金融機関からの融資無くしては資金が回らない会社が大半でしょう。本来、金融機関からの借入は導入時にその借入の返済パターンを約束します。しかし、金融円滑化法の施行後は、導入時の返済パターンの約束が守られなくても、直ちに返済を迫られることはなくなりました。経営改善計画を出せば、その計画から生まれるキャッシュフローにて新たな返済方式を示すことになりますが、その数値を認識して金融機関も柔軟に対応してくれるようになります。つまり、金融円滑化法後の金融機関からの融資は、正に他の債権

よりも先に返済をせまられず、業績がふるわない時は金利も低くなるようなエクイティ（資本）と同様な資金支援の色彩が強まっているのです。

田中税理士(ベテラン)：既にお話しましたように、このような状況の中で、中小企業は情報開示が一層重要になって来るのです。中小会計指針や中小会計要領に従った適正な決算書の作成が必須ですし、経営計画、会社説明書を作成して、それを適時適切に開示することが必要になるでしょう。これを支えるのが私たち税理士・公認会計士の役割です。

中村中：税務申告書作成時に税理士の先生方の力が必要であるように、金融機関に経営改善計画を提出する時は金融機関の情報開示の真のニーズや縛りを知っている税理士・公認会計士また認定支援機関の先生方の力が欠かせないものとなってくるでしょう。したがって、当支援業務で必要とされる経営改善計画の策定のスキル等は今後、税理士・公認会計士にとって中小企業を支援するには欠かせないスキルになるでしょう。

田中税理士：これを機会に税理士・公認会計士のみならず、職員の皆さんも含めてスキルアップしていただくことが大切だと思います。経営改善計画策定支援や再生支援業務は、チームにより実施することが効率的ですので、事務所内で必要な知識やスキルの共有ができれば大きな差別化につながると思います。したがって、所長と役職員で取り組んでいただくことが重要になってくると思います。

【ポイント】
金融機関交渉や計画策定事業は、一過性のものではなく今後、会計事務所にとって不可欠な業務であり、事務所として取り組む業務である。

Q-1-7 経営改善計画策定支援事業の補助金は継続するのか？

山本税理士(新人)：現状で、経営改善計画策定支援業務の補正予算はほとんど消化できていないと聞いています。このような中で、来期以降、補助金は継続するのでしょうか？

中村中：金額の多寡は別として、継続すると思います。金融機関が抱えている返済猶予の残高は未だに高水準であり、実質的な不良債権先の解消は行われておらず、中小企業を支援する必要は今後も継続するからです。日本経済を支える中小企業を救済することの意義から考えると、短期間で廃止されるとは考えにくいです。補正予算の形式をとらなくとも実質的な資金投入は続くと思います。

　ただ、認定支援機関の先生方には補助金の有無に振り回されるのではなく、企業にメリットをもたらすことで報酬を捻出できるような支援を行っていただきたいと思います。

【ポイント】
経営改善計画策定支援事業は継続見込みであるが、補助金を前提にするのではなく、企業にメリットを与えることで報酬を受け取れる支援を行うことが重要である。

Q-1-8 金融機関をとりまく国際的な潮流

山本税理士：税理士・公認会計士が金融機関の仕組みや再生支援についてしっかりとした知識やスキルを身に付けたとしても、金融機関が返済猶予中の貸付に関して、新しい対応を行わないと案件は出てこないように思います。

中村中：先送りが行われているのは事実です。しかし、各金融機関が足並みをそろえて先延ばししていたとしても、もはや国内だけで解決できる問題ではないのです。IMFやバーゼルなどの国際的な潮流には曖

味な資産査定は通用しません。金融庁検査や銀行の監査法人の指導が金融機関に入って資産（貸出）内容の吟味を厳しく行われた場合、金融機関の対応が厳格化することになるはずですが、その時は、個々の金融機関の対応は大きく変化するかもしれません。しかし、金融機関が自力で中小企業の再生支援を行うには、人材の制約があるものと思います。また、複数行取引の場合は、独占禁止法の足枷もあります。このような課題をクリアするために先生方に支援いただこうという方向に進んで行くと思います。

【ポイント】
国際的な潮流から見ても、経営改善計画策定支援の実行は不可欠であり、税理士等の関与が必要になることが予測される。

Q-1-9 顧問先の情報開示支援業務について

山本税理士(新人)：経営改善計画策定支援事業の方向性については良く理解しました。しかし、事業の補助金の対象とならない計画策定支援や情報開示について税理士は顧問先の中小企業をどのようにサポートするべきでしょうか？ 文書化、情報開示、内部管理体制の構築が今後、中小企業にとってますます重要になってくるということは十分理解できましたが、一方で、会社の業績が悪くなると管理に対するコストや人員を極力削減しようとする経営者が多いのも事実です。また、税理士の顧問料は下落傾向にあり顧問先一社にかけられる時間が縮小しているのも現実だと思います。

中村中：確かに業績低下で費用削減を考えておられる経営者は少なくないですね。一方で、多くの経営者は売上増加を狙い、自らが得意分野と自負する「営業活動」や「技術開発」などの業務に専念したいと考えています。そのために管理部門は信頼のおける人材を直接雇用し、

任せたいと思ってもコスト面や求人がネックとなり、外部の専門家を利用することの方を選ぶことになるようですね。税務申告で会社の決算書に関わる顧問税理士にそれをお願いすることが最も効率的だと思っているようです。

　しかし、顧問料が伸び悩んでいる中で、これ以上のサービスを行っても評価されず収入も増えないと感じておられる先生もいらっしゃると思います。税理士業務に関して、世の中のニーズに合わせて柔軟に対応していく事務所もあれば、そうでない事務所もあります。税務申告書は昔の手書きだったものから現在の電子申告へと変わり、作業の効率化によって、顧客へのサービスの幅を広げられている事務所もかなり多いと思います。税理士の先生方の主要顧客は中小企業ですから、中小企業にとって一番欠けており、一番必要であると思われる経営管理や情報開示などの管理業務の支援は、喫緊の課題でしょう。管理部門の支援というのは、ただ単に事務作業をするという意味ではなく、企画・広報に関する支援でもあります。経営者の意思決定や情報開示資料の作成などをサポートするものです。

　企業の財務・会計の資料作成をサポートすることによって、経営者の意思決定や金融機関交渉をスムーズに進めることがそのポイントとなります。先生方はあまり意識されていないかもしれませんが、例えば、税理士が決算書を作成するということは、情報開示を行っているということでもあります。企業はその内容を分かりやすく開示している決算書を金融機関に提出することによって資金調達が容易になり、取引先からも信頼を得ることができるのです。

田中税理士(ベテラン)：私たち、税理士・公認会計士は、会計・税務に精通しており、企業と1対1の関係であるからこそ中小企業の発展に寄与し共に歩むことができると思います。もちろん、その際に情報開示の受け手である金融機関から、その企業の内部体制や管理会計の課題などを学ぶことも重要です。これらの業務は、新しいことではな

く、現状の税理士業務や会計知識と隣接する内容です。

> 【ポイント】
> 従来の税務・会計業務に加えて、管理業務の支援、財務・会計の資料作成の支援などの経営者の意思決定や金融機関交渉のサポート業務の提供が重要になる。

2 金融機関と連携や交渉を行うために理解しておくべき金融機関の仕組み

　この項では、再生支援の基本を理解した後に、経営改善計画策定支援業務を始めた**山本税理士**が、再生支援や顧問先の金融機関交渉のサポートを行っている中で感じた疑問や悩みを勉強会で顧問の**中村中**、先輩の**田中税理士**に質問した内容とその回答を紹介いたします。

(1) 経営改善計画策定支援を行う際に理解しておくべき項目

Q-1-10 経営改善計画策定支援を行う際の金融機関への相談

山本税理士(新人)：先日、顧問先の経営改善計画策定支援を行うために、借入先の中の一つの金融機関の担当者に相談したのですが、全然相談にのってくれませんでした。まず、どこの金融機関に話を持っていけばスムーズに行くのでしょうか？

中村中：まず、単純に借入残高の一番多い金融機関に相談に行ってください。信用残高の多い金融機関ではなく、単純に残高の多い先です。その判定はシンプルで分かりやすいので、金融機関も納得するでしょう。

山本税理士：残高が一番多い金融機関に相談に行ったのですが、「当行は御社のメイン行ではない」というようなことを言われました。このような場合は、二番手の金融機関に相談に行くべきでしょうか？

中村中：相談をされた担当者が、スキルや知識の低さなどが原因で適切な対応ができないためにそのような発言になったのかもしれません。重要なのは交渉相手の担当者ではなく、当該金融機関の組織自体なのです。メイン回避の発言があったとしても、借入残高が一番多いならば、その金融機関は相談を回避することはできません。このような場合、その上司や本部と連絡を取り、適切な対応を求めるべきです。一つの組織である以上、担当者の上司などラインのメンバーは取引先に対し責任があります。

山本税理士：確かにその通りかもしれませんが、担当者の上司に相談し、担当者の面子を潰すと顧問先の印象が悪くなりませんか？　今後のことを考えると言いにくいです。

中村中：金融機関は中小企業とは異なる大きな組織ですし、担当者は意思決定者であることはほとんどありません。会社を再生させるためには、そのような気遣いは不要であり、背に腹は代えられないはずです。

田中税理士(ベテラン)：普段、会社や顧問税理士が接点を持つのは担当者なので、その担当者の回答が全てのように思ってしまいますが、金融機関としてどう対応してもらうかを考えるべきですね。

山本税理士：分かりました。ところで、他の顧問先で、資金繰状況が非常に悪いにも関わらず、経営者がうかつに業績の悪さを金融機関に伝えると却って会社にとって不利な状況にならないかと心配され、自力で何とかしようと苦慮されています。経営者の中には、できれば金融機関からの支援を受けずに自力で対応したいと考える方もいらっしゃると思います。一方で、手遅れになるのも困るし……このような場合はどうしたら良いのでしょうか？

田中税理士：資金繰表や経営計画は作成されていますか？まず、会社の現状と将来見込みを文書化し、実態把握を行うことから始めてください。

山本税理士：まだ、きちんとしたものを作成していません。

田中税理士：そうであれば、資金繰表は少なくとも3か月先、できれば

6か月先までを作成し、資金繰状況を確認してください。経営計画は3年先までのものを作成し、概ね3年以内に黒字化する見込みがあれば、現状がどのようであっても金融機関は相談にのってくれると思います。場合によっては、5年以内でもその後のキャッシュフローが増加するならば心配はいりませんので、相談を行ってください。

中村中：その際に、金融機関の担当者に口頭で説明するのはダメですね。担当者が文書化する能力が低い場合、金融機関内部の情報伝達は文書化ですから、担当者の上の決定権のある上司や本部にその話が正しく伝わらない可能性があります。必ず、文書を作成し、それをもとに相談を行ってください。

山本税理士（新人）：分かりました。しかし、計画の文書化は、実際にそれが達成できるかどうかを考えるとなかなか形にすることが難しいです。もし、一度提出した経営改善計画と実績が乖離した場合は、どのように対応すればいいでしょうか？

中村中：そもそも計画と実績が乖離しないように対策を実施することが重要です。そのためには計画策定、実行段階のそれぞれで留意すべきポイントがあります。それについては、後ほど説明するとして……乖離した場合は、その要因を明確にする必要があります。外部要因なのか内部要因かを区分し検討します。例えば、リーマンショックや東日本大震災のような外部要因であれば、直ぐに金融機関に乖離を伝え、対応をお願いするべきです。しかし、内部要因であれば、経営者は、解決策を検討し、いつ頃、収支が改善するかを文書化してから相談に行くべきですね。

田中税理士（ベテラン）：私の顧問先で計画を策定し、実行段階で月次試算表の提出を金融機関から求められ、毎月提出していましたが、計画との大幅な乖離が発生しても金融機関からは何も言ってこられないケースがあったので、会社が主体的に動く必要を感じました。

中村中：その場合、試算表を担当者がちゃんと見ていない可能性もあり

ます。月次試算表の提出を要求するのは、金融機関としてそのことだけで企業への牽制効果があると思っているのかもしれません。種々の書類の提出依頼で業績管理、経営管理の牽制を狙っているとも考えられます。一方、担当者に全ての月次試算表の分析をする時間がないのかもしれません。某メガバンクの担当者であれば、人員削減の動きがピークに達した頃には、借入残高で8,000万円以上の貸出先を120社も担当していました。そのような状況でそれぞれの企業の月次試算表まで、詳細に検討・吟味することは現実的に不可能ですね。

【ポイント】
金融機関支援を依頼する際には、事前に資金繰表や経営計画などを作成し、実態を把握した上で相談を行う必要がある。

Q-1-11 金融機関への支援依頼のポイント

山本税理士：金融機関に支援を依頼する場合には、各行庫がどれくらいその会社の貸出債権について引当金を既に積み上げているか予測して交渉を行うのですか？

中村中：私がコンサルティングを行う際は、金融庁のホームページに各金融機関の引当状況等が開示されていますのでそれを参照しています。本来、どこの金融機関も金融検査マニュアルに沿って同じように引当金を積み上げていなければなりません。しかし、現実は各金融機関でバラバラです。特に債務者区分で要注意先や破綻懸念先の引当金は金融機関毎に実際には大きく異なることがあります。

　これについて、金融庁のホームページの情報で、ある程度の推測ができます。荒療治（超長期のリスケ・DDS・債権放棄など）を金融機関に依頼する時は、金融機関がその企業への融資に対してどの程度の引当金を積んでいるか推測する必要があります。不良債権比率が高

く、自己資本比率が低い金融機関の中には、充分に引当金を積んでいないところもあります。時には、それぞれの金融機関の引当金繰入に関して費用負担が発生する時期についても、アドバイスを行うことがあります。複数行取引の場合、各金融機関の足並みをそろえる必要がありますから、各行が無理のないような支援を行えるように考慮をしています。金融機関に支援を依頼する時は、このように、金融機関の立場を理解するとスムーズに行きます。

以下に金融庁のHPから各金融機関の引当金積上げ状況を予想する手法をご紹介します。

(1) 金融庁のHPから、この頁を開き、調査しようと思う金融機関の所在する都道府県をクリックします。

金融庁 Financial Services Agency					サイト内検索
広報報道	利用者の方へ	金融庁について	金融機関情報	法令・指針等	

ホーム > 金融庁の政策 > 地域密着型金融

中小・地域金融機関の主な経営指標

都道府県名

都道府県名をクリックすれば、当該地区に本店を有し営業している中小・地域金融機関の公表している主な経営指標を閲覧することができます（平成26年3月末時点）。

北海道

青森県、秋田県、山形県、岩手県、宮城県、福島県

群馬県、栃木県、茨城県、埼玉県、千葉県、東京都、神奈川県

新潟県、山梨県、長野県

富山県、石川県、福井県

静岡県、岐阜県、愛知県、三重県

滋賀県、京都府、大阪府、奈良県、和歌山県、兵庫県

鳥取県、島根県、岡山県、広島県、山口県

徳島県、香川県、愛媛県、高知県

福岡県、佐賀県、長崎県、熊本県、大分県、宮崎県、鹿児島県

沖縄県

ご利用に当たっての留意事項

- 本表は、各金融機関が公表している情報をもとに作成しております。
  - 計数は、原則として単位未満を切り捨てることとし、単位未満の数値が存在する場合は「0」を、数値が存在しない場合は「－」を記載しております。
- 各項目の定義については以下のとおりです。
  - 「役職員数」については、常勤の役職員を記載しております。
  - 「店舗数」については、本支店のほか、出張所を含めて記載しております。
  - 「預金」については、信用金庫・信用組合の場合は預金積金を示しております。
  - 「中小企業等向け貸出」については、資本金3億円以下または常用従業員300人以下（卸売業は資本金1億円以下または常用従業員100人以下、小売業、飲食業は資本金50百万円以下または常用従業員50人以下、物品賃貸業等の各種サービス業種は資本金50百万円以下または常用従業員100人以下）の事業者及び個人に対する貸出金残高及び貸出先件数です。信用組合については、貸出先が基本的に「中小企業等」に限定されているため、当該項目は記載しておりません。

(2) 各都道府県のすべての金融機関の経済指標が出ています。更に個別に金融機関名をクリックすれば各行の内容が見られます。ここでは、広島県のケースを見ていくことにします。

(3) 例えば、広島銀行、もみじ銀行、広島信用金庫をクリックすれば以下のデータが出てきます。

[広島県]

Ⅰ．地方銀行（26年3月末時点）

金融機関コード番号	0169			
金融機関名	広島銀行		電話番号	082(247)5151
郵便番号	730-0031	本店所在地	広島県広島市中区紙屋町1-3-8	
役職員数	3,346	店舗数	168	
ホームページ・アドレス	http://www.hirogin.co.jp/index.html			

沿革	昭和20年5月	広島県内に本店を有する藝備銀行、呉銀行、備南銀行、三次銀行、広島合同貯蓄銀行の5銀行が合併し、(新)藝備銀行設立
	昭和25年8月	行名を廣島銀行に改称
	昭和36年12月	広島証券取引所に上場
	昭和40年2月	現在地(広島市中区紙屋町)に新本店完成
	昭和45年4月	東京・大阪両証券取引所市場第二部に上場
	昭和46年2月	東京・大阪両証券取引所市場第一部に上場
	昭和63年7月	行名を「廣島銀行」から現在の「広島銀行」と改称

備考	

主要勘定の状況　　　　　　　　　　　　　　　　　　　　　　　　　　　　　（億円）

	有価証券	貸出金	総資産		預金	資本金の額
24年3月末	18,129	44,670	66,498	24年3月末	57,646	545
25年3月末	20,642	46,451	70,595	25年3月末	59,325	545
26年3月末	19,891	48,046	72,009	26年3月末	61,881	545

中小企業等向け貸出　　　　（億円）　　　　　　　　　　　　　　　　　　　　　（件）

	24年3月末	25年3月末	26年3月末		24年3月末	25年3月末	26年3月末
中小企業等向け貸出金残高	30,514	31,315	32,425	中小企業等向け貸出先件数	225,018	226,329	229,215

損益の状況　　　　　　　　　　　　　　（億円）　　　諸比率　　　　　　　　　　（％）

	業務純益	経常利益	当期純利益		預貸率	ROA	自己資本比率
24年3月末	434	262	134	24年3月末	75.83	0.66	12.06
25年3月末	448	297	167	25年3月末	75.73	0.65	12.10
26年3月末	373	381	225	26年3月末	75.61	0.52	11.92

金融再生法開示債権及びその保全状況　　　　　　　　　　　　　　　　　　　（億円、％）

	不良債権合計(A)	破産更生債権及びこれらに準ずる債権	危険債権	要管理債権	正常債権(B)	合計(C)(A)+(B)	(A)／(C)
24年3月末	1,052	190	658	204	44,424	45,476	2.31
(保全額)	(882)	(190)	(569)	(123)			
25年3月末	1,122	171	653	299	46,130	47,252	2.37
(保全額)	(911)	(171)	(552)	(188)			
26年3月末	928	120	459	349	47,972	48,900	1.90
(保全額)	(714)	(120)	(389)	(205)			

※ ご利用に当たっては、「ご利用に当たっての留意事項」を参照願います。

第1章　中小企業再生支援のための税理士・公認会計士の勉強会

　各金融機関の経営指標の中で、自己資本比率、不良債権比率（(A)／(C)）で他の金融機関よりも悪い指標が目立つ金融機関については、引当金の積み上げ状況を担当者に確認することをお勧めします。

[広島県]
Ⅱ．第二地方銀行（26年3月末時点）

金融機関コード番号	0569				
金融機関名	もみじ銀行		電話番号	082(241)3131	
郵便番号	730-8678	本店所在地	広島県広島市中区胡町1－24		
役職員数	1,439	店舗数	117		
ホームページ・アドレス	http://www.momijibank.co.jp/				

沿革	昭和16年4月　広島無尽㈱、芸備無尽㈱、双益無尽㈱、山陽無尽㈱の合併により、（新）広島無尽㈱を設立
	昭和26年10月　商号を㈱広島相互銀行に変更
	平成元年2月　普通銀行へ転換、㈱広島総合銀行へ社名変更
	平成13年9月　㈱せとうち銀行と、株式移転により両行の持株会社となる㈱もみじホールディングスを設立
	平成16年5月　㈱広島総合銀行を存続会社として㈱せとうち銀行と合併し、㈱もみじ銀行に社名変更
	平成18年10月　㈱もみじホールディングスと㈱山口銀行が、共同株式移転により㈱山口フィナンシャルグループを設立
	平成19年4月　㈱もみじホールディングスを吸収合併

| 備考 | |

主要勘定の状況　　　　　　　　　　　　　　　　　　　　　　　　　　　（億円）

	有価証券	貸出金	総資産		預金	資本金の額
24年3月末	7,730	18,812	30,397	24年3月末	25,995	874
25年3月末	7,567	18,290	30,872	25年3月末	26,122	874
26年3月末	6,911	19,283	31,062	26年3月末	26,445	874

中小企業等向け貸出　　　　　（億円）　　　　　　　　　　　　　　　　（件）

	24年3月末	25年3月末	26年3月末		24年3月末	25年3月末	26年3月末
中小企業等向け貸出金残高	13,300	11,950	12,485	中小企業等向け貸出先件数	100,149	94,111	94,086

損益の状況　　　　　　　　　　　　　（億円）　　諸比率　　　　　　　　（％）

	業務純益	経常利益	当期純利益		預貸率	ROA	自己資本比率
24年3月末	130	113	74	24年3月末	67.40	0.45	12.96
25年3月末	227	170	125	25年3月末	64.85	0.78	14.01
26年3月末	117	173	129	26年3月末	67.77	0.39	11.55

金融再生法開示債権及びその保全状況　　　　　　　　　　　　　　　（億円、％）

	不良債権合計(A)	破産更生債権及びこれらに準ずる債権	危険債権	要管理債権	正常債権(B)	合計(C) (A)+(B)	(A)／(C)
24年3月末	535	237	270	27	18,480	19,015	2.81
（保全額）	(478)	(237)	(234)	(6)			
25年3月末	582	259	256	66	17,888	18,471	3.15
（保全額）	(521)	(259)	(237)	(25)			
26年3月末	528	271	190	67	18,926	19,455	2.71
（保全額）	(471)	(271)	(178)	(21)			

※ ご利用に当たっては、「ご利用に当たっての留意事項」を参照願います。

[広島県]

Ⅲ. 信用金庫 （26年3月末時点）

金融機関コード番号	1750			
金融機関名	広島信用金庫		電話番号	082-245-0321
郵便番号	730-8707	本店所在地	広島県広島市中区富士見町3-15	
役職員数	997	会員数	94,574	店舗数	76
ホームページ・アドレス	http://www.hiroshin.co.jp/			
沿革	昭和20年5月　三篠、広陵、広島第一、共立、共済、広石、昭和、牛田、白島の9組合が合併し、広島市信用組合設立 昭和23年4月　広島信用組合に名称変更 昭和26年10月　信用金庫法により改組 平成10年11月　宮島信用金庫と合併 平成17年11月　大竹信用金庫と合併			
事業地区	広島県全域及び山口県岩国市(旧岩国市及び旧玖珂郡美和町に限る)、玖珂郡和木町			
備考				

主要勘定の状況 (百万円)

	有価証券	貸出金	総資産		預金	純資産	出資金
24年3月末	233,519	797,041	1,237,605	24年3月末	1,134,262	79,331	3,386
25年3月末	267,084	808,929	1,280,074	25年3月末	1,168,432	86,576	3,447
26年3月末	283,153	821,717	1,337,551	26年3月末	1,209,532	90,116	3,507

中小企業等向け貸出 (百万円) (件)

	24年3月末	25年3月末	26年3月末		24年3月末	25年3月末	26年3月末
中小企業等向け貸出金残高	713,512	724,611	735,508	中小企業等向け貸出先件数	56,116	53,740	53,739

損益の状況 (百万円) / 諸比率 (%)

	業務純益	経常利益	当期純利益		預貸率	ROA	自己資本比率
24年3月末	7,980	4,657	2,705	24年3月末	70.26	0.65	11.97
25年3月末	7,427	3,989	2,885	25年3月末	69.23	0.59	12.15
26年3月末	6,618	5,006	3,281	26年3月末	67.93	0.51	12.08

金融再生法開示債権及びその保全状況 (百万円、%)

	不良債権合計(A)	破産更生債権及びこれらに準ずる債権	危険債権	要管理債権	正常債権(B)	合計(C) (A)+(B)	(A)／(C)
24年3月末	34,965	5,398	25,720	3,846	772,705	807,671	4.32
(保全額)	(25,234)	(5,398)	(18,619)	(1,215)			
25年3月末	31,081	8,157	19,935	2,989	785,386	816,468	3.80
(保全額)	(25,868)	(8,157)	(16,712)	(998)			
26年3月末	30,895	4,641	23,763	2,489	797,186	828,082	3.73
(保全額)	(23,824)	(4,641)	(18,243)	(938)			

※ ご利用に当たっては、「ご利用に当たっての留意事項」を参照願います。

山本税理士(新人)：なるほど、財務状況の良くない金融機関は貸出債権に対して引き当てが十分に行われていない可能性があるということですね。

中村中：その通りです。また、各金融機関は金融再生法で不良債権について情報開示が義務付けられています。DDSや債権放棄を行うことで、不良債権であった債権の一部が消滅したり、債務者区分のアップにより、残りの債権が正常債権と扱われたりすることによって開示債権の不良債権額が減額できる場合があります。この場合、企業を支援することが金融機関のメリットになります。この開示債権の各行別計数は、ホームページの前頁等に「金融再生法開示債権及びその保全状況」として出ています。

　その他に、金融機関は再生支援に非協力的で地域活性化に貢献していないというレッテルを貼られるのは、当然、避けたいと考えます。したがって、この風評リスク回避を梃子として交渉を行うことも大切です。

山本税理士：なるほど。金融機関独特の考え方なので、それに合わせる目線が必要ですね。

田中税理士(ベテラン)：他の交渉方法で、税理士・公認会計士にとってなじみやすいのは、清算配当の話をすることですね。金融機関が非協力的な態度を取った場合は、各金融機関への清算配当額や配当率を明示するのです。金融機関は当然、融資をできるだけ多く回収したいので、再生支援を行うことが、企業を清算して清算配当を受けるより有利だと判断した場合、協力せざるを得ないでしょう。

中村中：キーワードは、引当状況の予測、開示債権、風評リスク、清算配当です。これらを事前に検討して交渉に臨むことです。なお、金融機関の引当金の積み上げの手順は各行の自己査定（資産査定）に沿って行われます。以下に、その標準型の自己査定のプロセスを示すことにします。

自己査定（資産査定）

〜金融機関の自己査定は、概ね「企業会計基準」を目指すもの

(1) 取引先の財務報告（貸借対照表や損益計算書など）を見て、金融機関は財務分析（定量分析）を行い、それをスコアリングシートにて評価して、一次的に格付けを決定する。

(2) その取引先の財務報告に現れない営業力や技術力などという強みを、定

図表1-4

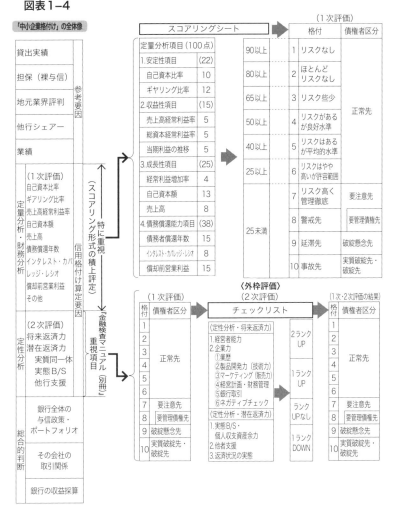

性要因として第2次評価を行って、1次評価とこの2次評価で総合評価を行う。この(1)と(2)を合わせて、これを自己査定の「格付け評価」とする。

(3) 次に、金融検査マニュアルの「債務者区分」の基準に従ってその区分を算出する。格付け評価は、この「債務者区分」と整合性を持たなければならず、両者矛盾しない評価を行う。普通は「格付け評価」の方が「債務者区分」よりも、はるかに多くの段階区分を持っている。これは、「債務者区分」の一つである「正常先」の段階区分に、「格付け評価」は7～8段階もの区分を持っているからである。

(4) 一般には、企業は何本もの借入を行っている。その1本1本の借入に対して、「資産分類」を行う。「資産分類」は、同じ「債務者区分」の貸出を担保貸出や信用貸出に分けたり、また1本の貸出を担保付部分と信用部分に分け、最終的にはリスク度にて、貸出残高を「非分類」「Ⅱ分類」「Ⅲ分類」「Ⅳ分類」の4つに分けている。

(5) そして、「貸倒引当金の算定」では、「正常先」「要注意先」に対しては、その債務者区分の貸出残高にそれぞれの金融機関で割り出した予想損失率を掛けて引当金を算出している。「破綻懸念先」「実質破綻先」「破綻先」と「要管理先」の一部大口先は、債務者区分内のそれぞれの「資産分類」残高に個々の金融機関の予想損失率を掛けて引当金を算出している。

図表1-5

債務者区分	決済確実な割引手形短期回収確実なもの※	資産分類					信用部分
		優良担保		一般担保			
		・優良保証	評価額と処分可能見込額との差額	・一般保証	評価額と処分可能見込額との差額		
正 常 先	非	非		非			非
要注意先	非	非	Ⅱ		Ⅱ		Ⅱ
破綻懸念先	一部非	非	Ⅲ	Ⅱ	Ⅲ		Ⅲ
実質破綻先	一部非	非	Ⅲ	Ⅱ	Ⅲ		Ⅳ
破 綻 先	一部非	非	Ⅲ	Ⅱ	Ⅲ		Ⅳ

※短期回収確実なもの…概ね1ヶ月以内に回収が確実と認められる貸出金
非（非分類）正常債権
Ⅱ（第2分類）回収に注意をする債権
Ⅲ（第3分類）回収に重大な懸念のある債権
Ⅳ（第4分類）回収不能債権

(6) 引当金の算出法
① 一般引当金
　債務者区分ごとに算定した過去の貸倒実績率または倒産確率に基づいて予想損失率を求め、その予想損失率を債務者区分ごとの債権合計に乗じて予想損失額を出して、それをこの（一般）引当金に計上している。
・一般引当金＝債務者区分ごとの合計債権額×予想損失率（貸倒実績率）
② 個別引当金
　破綻懸念先はⅢ分類の債権額に予想損失率を掛けて求め、実質破綻・破綻先はⅢ分類・Ⅳ分類を原則全額（引当率100％）としている。
・個別引当金（破綻懸念先のⅢ分類）＝破綻懸念先のⅢ分類の債権額×予想損失率（貸倒実績率）
③ 要管理先の引当金
　一般貸倒引当金と個別貸倒引当金が折衷している。大口の要管理先には、DCF法を適用するが、このDCF法は将来キャッシュフローを現在価値に割引いて評価する方法である。DCF法は、要管理先の個々の貸出で適用することが原則であり、そのために大口の要管理先は個別引当金の適用となる。
④ 引当率（貸倒実績率・予想損失率）
　債務者区分と引当率（貸倒実績率・予想損失率）の関係については、各金融機関でそれぞれ算出することになっている。

図表1-6

引当金	債務者区分	
一般引当金	正常先	要注意先
一般・個別引当金（折衷案）	要管理先（大口先は個別引当金）	
個別引当金	破綻懸念先	実質破綻・破綻先

山本税理士(新人)：先ほど、債務免除、DDSなどの荒治療的な金融機関支援のお話が出ましたが、返済猶予と比べて、かなりハードルが高いイメージがあります。交渉のポイントを教えてください。

中村中：ポイントは、金融機関のメリットの理解です。どのような支援も原則的には、金融機関にメリットがなければスムーズに行きません。新たな引当てを積み上げる場合は、担当者にとってペナルティを受けることになり、人事評価がマイナスになるかもしれませんが、既に引当てを積み上げているものに対する戻入れは、金融機関の期間利益に寄与しますので、人事評価アップに結び付きます。債務免除の例で具体的に説明すると、債務免除を行うことによって、債務免除を受けた会社の信用格付けが上がり、残債権に対する引当ての戻入れを実施できるようであれば、担当者の行内評価も上がりますので、スムーズに行きます。

山本税理士：債務免除を受けることで格付が上がるのですか？

田中税理士(ベテラン)：債務免除を受けた企業はその分、債務額が減少して自己資本比率などの財務指標が改善するからです。先ほどの自己査定の算定にも記載がある通り、債務免除を受けると改善する指標は多くありますよね。したがって、債務免除を受けると企業の格付けが上がり、債務免除を受けなかった残りの貸出債権に対する要引当額が減少すると、戻入益を計上することができるということです。

中村中：その通りですね。金融機関の支援は、企業を健全化するために実施するものですので、その健全化を推進するような担当者の動きに評価を与えますが、自行の収益貢献や金融機関としての評価を高めることも、その担当者の評価を高めます。意外と金融機関の担当者はその旨を理解していないことがありますので、中小企業の支援者としての税理士などは、その担当者に対して、荒療治が人事評価や行内評価を高めることになることを解説することも大切です。

山本税理士：それでは、逆に、再生手法を実施しても健全化や金融機関

自身の評価の高まりに結び付かない場合の支援は、なかなか受けられないということでしょうか？

中村中：原則的にはその場合が多いです。金融機関は多くは上場企業であり、信用金庫も信用組合も一般の中小企業よりも大きな組織です。金融機関と付き合う時は、「金融機関は大組織であり、そこに勤める自社の担当者はその組織のサラリーマンであること、そしてそのサラリーマンが組織内で高い評価を受けられるように協力すること」がポイントになります。

田中税理士(ベテラン)：このような点は、中小企業のオーナーや税理士・公認会計士の先生方にとっては、理解することが難しいかもしれません。金融機関の担当者が評価される仕組みを更に詳しく理解するためには、金融検査マニュアル別冊や監督指針を理解すべきだと思います。私は、はじめはこれらの内容がとっつきにくかったので、「財務金融アドバイザー通信講座」(第5章参照)を利用して勉強しました。

山本税理士(新人)：債務免除やDDSのポイントとなる考え方はよく分かりました。また、一度債務免除などの荒治療を受けた場合、その後に追加融資が受けられなくなり、却って資金繰りが厳しくなるということはないのでしょうか？

中村中：債務免除やDDSを受けたケースのほとんど場合、その後に格付けは上がりますので、融資を受けることは難しくありません。逆に言うと、債務免除やDDSで健全化された会社に融資を行うことは金融機関にとってもメリットがあるのです。

田中税理士：しかし、実抜計画（実現可能性の高い抜本的な経営改善計画）の要件に「債務免除やDDSなどの荒治療が確定した場合は、追加的支援は見込まれないこと」となっていますよね。

中村中：そのように記載されていることで、一見、支援は難しいと思われていますが、実務的には、業績が好転し、計画を上回る実績となった場合は、比較的容易に追加融資は受けられます。ある金融機関が保

守的な姿勢で融資を渋っていた場合、他行は積極的に貸込むこともあります。

【ポイント】
金融機関に支援依頼する場合には、金融機関の仕組みや状況、メリットなどを理解し交渉を行うことがポイントとなる。

Q-1-12 DDSの活用

山本税理士：債務免除については、支援の効果についてイメージができるのですがDDSは分かりにくい面があります。資本性借入金による支援というと、金融機関による経営への関与や経営者に対して業績についてプレッシャーをかけられるのではないかと思いますが、実態はどうなのでしょうか？

中村中：資本としての性質を持ちながら、株主の権利をそぎ取ったものが資本性借入金、資本的劣後ローンというものです。要するに債務者から見ると金融機関の経営への関与はないものですから、とても使い勝手の良い制度です。しかも、この制度を金融庁が積極的に進めているのです。

金融庁は、このDDSを推進するために、次頁のチラシを回付しています。

中小企業の皆様へ
「資本性借入金」の活用を検討してみませんか？

「資本性借入金」の条件を明確化しました。

○「資本性借入金」とは
　金融機関が皆様の財務状況等を判断するに当たって、**負債ではなく、資本とみなす**ことができる借入金のことです。

○今回の措置について
　金融機関からの「借入金」を「**資本性借入金**」とみなす場合の条件を明確化しました。

【現行】	【明確化後】
特定の貸付制度を例示	条件を直接明記
〔例示された貸付制度〕	
➢償還条件：15年	➢償還条件：5年超
➢金利設定：業績悪化時の最高金利0.4%	➢金利設定：「事務コスト相当の金利」の設定も可能
➢劣後性：無担保（法的破綻時の劣後性）	➢劣後性：必ずしも「担保の解除」は要しない

このような中小企業の皆様へ

東日本大震災や急激な円高の進行等により、**資本不足に直面しているが、将来性があり、経営改善の見通しがある企業**

「資本性借入金」活用のメリット

既存の「借入金」を「資本性借入金」の条件に合致するように変更することにより、

【メリット①】

資金繰りが改善されます。

・長期の「期限一括償還」が基本であり、**資金繰りが楽になります**。
・業績連動型の金利設定が基本であり、業況悪化時は金利が低くなります。

【メリット②】

金融機関から新規融資が受けやすくなります。

・「資本性借入金」を資本とみなすことで、財務内容が改善され、新規融資が受けやすくなります。

※「資本性借入金」の活用を希望される方は、お取引先の金融機関にご相談ください。

内容に関するお問合せ先：金融庁検査局総務課調査室　03-3506-6000（代表）

図表1-7 「資本性借入金」による効果【中小企業の貸借対照表（B/S）】

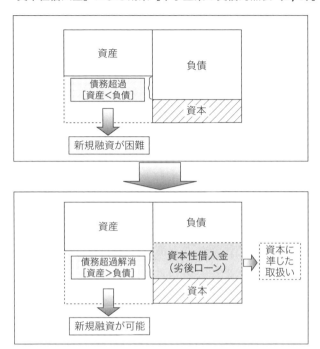

山本税理士(新人)：期限一括償還が基本となっていますが、この返済方法は会社にとって負担ではないでしょうか？

中村中：原則として劣後債権であったものですので、返済ができないような状況で急に優先的に返済を迫るようなものではありません。通常の資本の場合、会社が苦しい時に株主が出資の払い戻し（自社株買取）を迫らないのと同様に、地域活性化をモットーとする金融機関としては、資本性借入金を杓子定規に期限が来たから返済をしてくれと言うものではないのです。一年間の時限立法であった金融円滑化法は、何回も失効を延ばされ、その後は金融庁の行政指導でこの法律の内容は生きているのです。金融機関への行政対応が大きく変わらない限り、期日に全額返済を迫られることはありません。おそらく、期日が到来し、一括返済の目途が立たないほとんどの企

業は、この資本性借入金以外の借入金で従来行っていた毎月返済金額と同額で、この資本性借入金の毎月返済を続けることになると思われます。つまり、資本性借入金が長期借入金に振り替わり、従来行っていた返済額で分割して返済することになるため、企業の財務的負担が過重にならないように配慮されると思われます。いずれにしても資本性借入金の期日の数か月前から、金融機関と無理のない返済条件の打合せが持たれるはずです。

山本税理士(新人)：そうであれば、DDSは借り手企業にメリットが大きい借入といえますが、DDSを行う金融機関にとっては、勇気のいる手法のように思いますが。

中村中：だから、債務者として適時適切な情報開示が必要なのです。それを行えない企業に対して返済が劣後するような低利の貸付を行うことはできませんよね。債務者も情報開示という責任は負うべきです。情報開示は、それを行っていなかった中小企業には容易ではないかもしれませんが、それ以上のメリットがあるということです。

田中税理士(ベテラン)：平成26年12月1日の日本経済新聞の朝刊に「短期継続融資」の概念の説明が紹介されていましたが、短期継続融資も資本性借入金と同じ考え方なのですよね。

中村中：短期継続融資は、金融庁の金融検査において、企業が銀行の定期審査を受ける代わりに、返済が要らない擬似資本（＝資本性借入金など）として資金調達ができるということを認められるものです。また、金融機関としては「短期継続融資」は、要注意先ならば5％、要管理先ならば25％、破綻懸念先ならば70％の引当率（目安）の引当金を積み上げれば良いようです。資本性借入金の引当率は100％ですから、この融資の引当金は軽減されることになるはずです。

田中税理士：企業にとってはますます使い勝手が良い貸出のように思いますが、定期審査がどのようなものか、どの程度の情報開示が必要となるのかについて着目して対応する必要がありますね。

中村中：いずれにしろ、今後、経営改善計画策定が情報開示の必須項目として必要になる場面が増えることは確実であると思います。

> 【ポイント】
> DDS、短期継続融資のようにエクイティとしての性質の借入を受ける場合は、企業の適時適切な情報開示が必須となる。

Q–1–13 L/Cを開設している会社の金融機関交渉

山本税理士：顧問先で輸入を行われている会社で金融機関支援をお願いしたいのですが、L/C（Letter of Credit）を開設しているため、金融機関に相談を行うとL/C枠が縮小されるのではないかという心配があります。どのように相談を行えばよいでしょうか？

中村中：L/C枠は保証枠です。通常の借入は貸出枠です。保証枠、貸出枠とも担保を差し入れていない場合は、両方を合わせた金額で信用枠として金融機関は管理を行っています。一方で、L/Cは物流に裏付けられたファイナンスです。保証が履行される時には、倉庫か船舶、航空機の中で、商品・製品が債務者・借り手の資産として留保されているのです。売却が済んでいれば、売掛金か受取手形になっているか、既に現金で決済されて資金留保されているかもしれません。事業内容は単純であり、キャッシュインの見込みも立てやすいのです。正に、ある特定の事業からあがる予想収益を見込んで借入れが行われるプロジェクトファイナンスの典型です。

山本税理士：最近、話題になっているABL（Asset Based Lending）と同様に考えればよいということでしょうか？

中村中：その通りですね。両方とも将来収益となる資産に見合った金融と言えるものです。しかも、L/Cの金融支援はABLよりももっと簡潔な手法です。金融機関としては、リレバン（地域密着型金融）を行

図表1-8

> 「ウチの会社には担保にできる不動産がない…」と
> お悩みの企業の皆様へ！
>
> ▶「在庫」や「売掛金」も、「不動産」と並ぶ重要な資産です。
> ▶「在庫」や「売掛金」等を担保とする「ABL」を検討してみませんか？

ABL(Asset Based Lending)をご存知ですか？

◇「ABL（動産・売掛金担保融資）」とは……
　在庫や売掛金等を活用する資金調達の方法です。

◇ABLを活用すれば……
　担保にできる不動産がない企業に、在庫や売掛金等を担保とした、新たな資金調達の道が開かれます。

◇今回……
　金融機関がABL に取り組む場合、どのような担保管理を行えばよいかを明確にすること等で、金融機関・借手企業におけるABLの活用を後押しします。

ABLの仕組み

◇土地や建物ではなく、**在庫や売掛金等に担保権を設定**することにより、金融機関から融資を受けることになります。

◇一方で、借手企業は、在庫や売掛金等の状況を、**金融機関に定期的に報告**する必要があります。

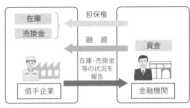

図表1-9

ABL（動産・売掛金担保融資）の積極的活用について（概要）

○ABL（Asset Based Lending：動産・売掛金担保融資）とは、企業が保有する「在庫」や「売掛金」などを担保とする融資

現　状

● 金融機関の融資の担保は、「不動産担保」が中心で、「動産・売掛金担保」はあまり活用されていない。
（参考1）
地域金融機関の場合、融資の担保の9割超が「不動産担保」。

（参考2）

在庫	
売掛金	土地
297兆円	186兆円

在庫・売掛金 ＞ 土地

対応策

● 検査マニュアルの**「一般担保」要件**の運用の明確化
・具体的にどのような担保管理を行えば、一般担保（客観的な処分可能性がある担保）の要件に合致するかがより明確になるよう、金融実務も踏まえつつ、適切と考えられる担保管理手法を例示。

● 検査における**検証方針**の明確化
・「動産・売掛金担保」を「一般担保」として取り扱っている場合、その適切性を金融機関で検証する際には、当面、PDCAサイクルが機能していれば、金融機関の取組みを尊重する方針を明確化。

● 「自己査定基準」における**担保掛け目**の明確化
・検査マニュアルに「動産・売掛金担保」の標準的な掛け目の水準を新たに記載（動産担保：評価額の70％、売掛金担保：評価額の80％）。

その他、
● 「電子記録債権」の自己査定上の取扱いの明確化（※1）
● 「貸出条件緩和債権」に該当しない場合の明確化（※2）
　についても措置

効　果

● 借手企業
・これまで担保としてあまり活用されてこなかった「動産・売掛金担保」を活用することにより、資金調達枠が拡大。

● 金融機関
・新規融資につながる。
・企業の経営実態をより深く把握することが可能となり、信用リスク管理が強化。

（※1）電子記録債権のうち、「決済確実な商業手形」に準じた要件を満たすものについては、「優良担保」として取り扱うことを、検査マニュアルにおいて明確化。
（※2）仮に中小企業が経営改善計画を策定していない場合でも、金融機関がABLにより、当該企業の実態を把握した上で、経営改善の資料を作成している場合には、現行の検査マニュアル[中小企業金融編]の考え方に照らし、これを「実現可能性の高い抜本的な計画」とみなして、「貸出条件緩和債権」には該当しない取扱いとすることを明確化。

動指針（プリンシプル）にしていますが、その中に「担保、保証に過度に依存しないで事業内容をよく見るべき」という文言があります。このL/Cは、ABLの一部であると見做すことができます。

山本税理士(新人)：つまり、通常の銀行の借入（コーポレートファイナンス）と分けて、事業内容が見通しやすいプロジェクトファイナンスと見做して、保証枠の管理を行ってもらうように依頼を行えば良いということですね。

中村中：申込用紙やL/Cの文面が英語であっても、その機能は普通の売掛、在庫貸出と同様なのです。金融機関としても、このような柔軟な発想がなければ、目下、日本再興戦略（アベノミクス）が勧める中小企業の海外展開の支援はできません。

> 【ポイント】
> L/Cは、ABLの一部であると見做すことができるため、通常の銀行の借入であるコーポレートファイナンスと分けて支援を依頼する。

Q-1-14 金融機関の規模による支援の違い

山本税理士：メガバンク、地銀、信用金庫などによって支援の受けやすさは違うのでしょうか？ 中小企業の支援のためのリレーションシップバンキング（リレバン）に対する意識はイメージ的に地域に根差している地銀、信用金庫の方が高いように思うのですが。

中村中：金融機関の規模によって取引先への貸出姿勢が変わるということはありません。取り扱う資金量が違うので金融機関内部のコンプライアンス、ガバナンスに多少の違いが生じますが本質は同じです。リレバンについても、中小・地域金融機関の監督指針と同様に主要行の監督指針にもリレバン重視は力説されています。したがって、地域の中小企業に対しては、主要行であろうと地域金融機関であろうとリレ

図表1-10　金融庁の提案するソリューション例

「中小・地域金融機関向けの総合的な監督指針（「地域密着型金融の推進」関連部分）」
（参考）顧客企業のライフステージ等に応じて提案するソリューション（例）

顧客企業のライフステージ等の類型	金融機関が提案するソリューション	外部専門家・外部機関等との連携
創業・新事業開拓を目指す顧客企業	●技術力・販売力や経営者の資質等を踏まえて新事業の価値を見極める。 ●公的助成制度の紹介やファンドの活用を含め、事業立上げ時の資金需要に対応。	●公的機関との連携による技術評価、製品化・商品化支援 ●地方公共団体の補助金や制度融資の紹介 ●地域経済活性化支援機構との連携 ●地域活性化ファンド、企業育成ファンドの組成・活用
成長段階における更なる飛躍が見込まれる顧客企業	●ビジネスマッチングや技術開発支援により、新たな販路の獲得等を支援。 ●海外進出など新たな事業展開に向けて情報の提供や助言を実施。 ●事業拡大のための資金需要に対応。その際、事業価値を見極める融資手法（不動産担保や個人保証に過度に依存しない融資）も活用。	●地方公共団体、中小企業関係団体、他の金融機関、業界団体等との連携によるビジネスマッチング ●産学官連携による技術開発支援 ●JETRO、JBIC等との連携による海外情報の提供・相談、現地での資金調達手法の紹介等
経営改善が必要な顧客企業 （自助努力により経営改善が見込まれる顧客企業など）	●ビジネスマッチングや技術開発支援により新たな販路の獲得を支援。 ●貸付けの条件の変更等。 ●新規の信用供与により新たな収益機会の獲得や中長期的な経費削減等が見込まれ、それが債務者の業況や財務等の改善につながることで債務償還能力の向上に資すると判断される場合には、新規の信用を供与。その際、事業価値を見極める融資手法（不動産担保や個人保証に過度に依存しない融資）も活用。 ●上記の方策を含む経営再建計画の策定を支援（顧客企業の理解を得つつ、顧客企業の実態を踏まえて経営再建計画を策定するために必要な資料を金融機関が作成することを含む）。定量的な経営再建計画の策定が困難な場合には、簡素・定性的であっても実効性のある課題解決の方向性を提案。	●中小企業診断士、税理士、経営指導員等からの助言・提案の活用（第三者の知見の活用） ●他の金融機関、信用保証協会等と連携した返済計画の見直し ●地方公共団体、中小企業関係団体、他の金融機関、業界団体等との連携によるビジネスマッチング ●産学官連携による技術開発支援

第1章　中小企業再生支援のための税理士・公認会計士の勉強会

顧客企業のライフステージ等の類型	金融機関が提案するソリューション	外部専門家・外部機関等との連携
事業再生や業種転換が必要な顧客企業 (抜本的な事業再生や業種転換により経営の改善が見込まれる顧客企業など)	●貸付けの条件の変更等を行うほか、金融機関の取引地位や取引状況等に応じ、DES・DDSやDIPファイナンスの活用、債権放棄も検討。 ●上記の方策を含む経営再建計画の策定を支援。	●地域経済活性化支援機構、東日本大震災事業者再生支援機構、中小企業再生支援協議会等との連携による事業再生方策の策定 ●事業再生ファンドの組成・活用
事業の持続可能性が見込まれない顧客企業 (事業の存続がいたずらに長引くことで、却って、経営者の生活再建や当該顧客企業の取引先の事業等に悪影響が見込まれる先など)	●貸付けの条件の変更等の申込みに対しては、機械的にこれに応ずるのではなく、事業継続に向けた経営者の意欲、経営者の生活再建、当該顧客企業の取引先等への影響、金融機関の取引地位や取引状況、財務の健全性確保の観点等を総合的に勘案し、慎重かつ十分な検討を行う。 ●その上で、債務整理等を前提とした顧客企業の再起に向けた適切な助言や顧客企業が自主廃業を選択する場合の取引先対応等を含めた円滑な処理等への協力を含め、顧客企業自身や関係者にとって真に望ましいソリューションを適切に実施。 ●その際、顧客企業の納得性を高めるための十分な説明に努める。	●慎重かつ十分な検討と顧客企業の納得性を高めるための十分な説明を行った上で、税理士、弁護士、サービサー等との連携により顧客企業の債務整理を前提とした再起に向けた方策を検討
事業承継が必要な顧客企業	●後継者の有無や事業継続に関する経営者の意向等を踏まえつつ、M&Aのマッチング支援、相続対策支援等を実施。 ●MBOやEBO等を実施する際の株式買取資金などの事業承継時の資金需要に対応。	●M&A支援会社等の活用 ●税理士等を活用した自社株評価・相続税試算 ●信託業者、行政書士、弁護士を活用した遺言信託の設定

（注1）この図表の例示に当てはまらない対応が必要となる場合もある。例えば、金融機関が適切な融資等を実行するために必要な信頼関係の構築が困難な顧客企業（金融機関からの真摯な働きかけにもかかわらず財務内容の正確な開示に向けた誠実な対応が見られない顧客企業、反社会的勢力との関係が疑われる顧客企業など）の場合は、金融機関の財務の健全性や業務の適切な運営の確保の観点を念頭に置きつつ、債権保全の必要性を検討するとともに、必要に応じて、税理士や弁護士等と連携しながら、適切かつ速やかな対応を実施することも考えられる。

（注2）経営再建計画や課題解決の方向性が、実現可能性の高い抜本的な経営再建計画に該当する場合には（該当要件については、本監督指針Ⅲ-4-9-4-3 リスク管理債権額の開示を参照のこと。）、当該経営再建計画や課題解決の方向性に基づく貸出金は貸出条件緩和債権には該当しないこととなる。

（金融庁公表資料より）

バン対応は全く同じです。詳しくは、金融庁の監督指針に載せられた主要行・地域金融機関に共通するコンサルティングの目線「金融庁の提案するソリューション例」(図表1-10)を参考にしてください。

【ポイント】
金融機関の規模による違いは、取り扱う資金量が違うので金融機関内部のコンプライアンス、ガバナンスに多少の違いがあるが本質は同じである。

Q-1-15　業種転換などを行う場合

山本税理士(新人):再生の手法として業種転換やM&Aなどのように抜本的に企業の体制を見直す手法は、どのような際に有効なのでしょうか?

中村中:業種転換は、経営者は意欲はあるが業種・事業内容がマーケットに受け入れられなくなった場合、M&Aは逆に業種・事業内容は良いが経営者に何らかの不安や継続できない状況がある場合に有効です。以下の図が分かりやすく、この関係を述べています。

図表1-11

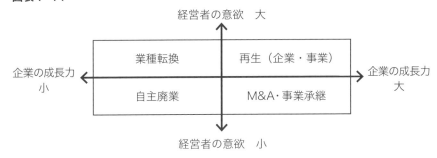

山本税理士:業種転換を行うには、ほとんどの場合に資金が必要になると思いますが返済猶予を受けている中で業種転換のための追加融資を受けることは可能でしょうか?

中村中：もちろんです。ただし、業種転換資金は広義の創業資金融資と見られます。実績のない業務を始めるのですから、過去の実績値がありませんので、暗中模索とも言えます。ということで将来のキャッシュフローが読みにくい場合が多く、将来のキャッシュイン（入金）までの繋ぎ融資という一般の貸出（デッドファイナンス）と異なり、エクイティファイナンスと見做して運用されることが多々あります。

山本税理士：財務内容・収益動向・収支状況や経営改善計画などしっかりと情報開示した上で金融機関に納得してもらうことが必要ということですね。

　ところで、私の関与先の例ですが、同族会社で社長である親が金融支援を受けられたにも関わらず、その親の社長が会社を倒産させてしまったケースがありました。今後、役員であった子供が起業を行う場合、借入を受けることが難しいということはないでしょうか？

中村中：以前の会社に連帯保証を入れていない限り、ほとんど心配ありません。フレッシュスタートが可能です。倒産企業の経営者本人であっても、現在では、経営者保証ガイドラインで約500万円近くの手元資金が残されますので、起業することも可能です。但し、反社会的勢力の関係者である場合は別です。経営者保証ガイドラインの概要を知らせるチラシは次頁の通りです。

【ポイント】
再生手法として業種転換やM&Aを行う場合は、実態把握や計画策定などにより最適な方法の検討を行う。

Q-1-16 再生支援に関して相談する機関について

山本税理士：再生支援について、認定支援機関の他に再生支援協議会、保証協会の経営サポート会議などが設置されていますが、会社の状態

| 個人保証債務の負担にお悩みの方 | 経営者保証に依存しない資金調達を応援します
経営者保証に関するガイドライン |

経営者保証に依存しない融資や、保証債務の整理について、ご相談に応じます

【経営者保証に関するガイドライン】
- 経営者の個人保証について、
  ① 法人と個人が明確に分離されている場合などに、経営者の個人保証を求めないこと
  ② 多額の個人保証を行っていても、早期に事業再生や廃業を決断した際に一定の生活費等（従来の自由財産99万円に加え、年齢等に応じて100万円～360万円）を残すことや、「華美でない」自宅に住み続けられることなどを検討すること
  ③ 保証債務の履行時に返済しきれない債務残額は原則として免除すること
  などを定めたガイドラインができました。

  ≪利用を御希望の方には専門家を派遣しアドバイスします。≫

- 第三者保証人についても、上記②,③については経営者本人と同様の取扱となります。

※また金融庁においても、金融機関等による本ガイドラインの積極的な活用を促進し、融資慣行として浸透・定着を図る観点から、監督指針・金融検査マニュアルの改正を実施しています。

政府系金融機関でも経営者保証を求めない資金繰り支援を強化します

【保証人特例制度の拡充・新設】
- 日本政策金融公庫は、中小企業向けの経営者の個人保証を免除・猶予する特例制度について、積極的に対応します。
  制度利用時の加算利率：上乗せ無し～０．４％（免除制度）
  上乗せ無し～０．１％（猶予制度）
- また、小規模事業者向けに、個人保証を免除する特例制度を創設しました。
  制度利用時の加算利率：一律０．３％上乗せ（免除制度）

（中小企業庁HPにおける「経営者保証ガイドライン」より）

によってどこに相談に行くかを使い分けるべきでしょうか？

中村中：そもそも融資とは企業への将来の資金流入までのつなぎです。会社の今後半年間程度の資金繰り表を作成し、3～5年以内に黒字化するような経営改善計画を作成できるならば、どこの機関に相談に行かれても支援を受けることは可能です。「政府系金融機関や保証協会が容易に助けてくれるよ」とよく言われますが、それらの機関や協会は申込用紙の記入が簡単であるという単なる事務手続の問題だと思います。

山本税理士(新人)：逆に言うと、その将来のキャッシュイン、資金流入の見込みについて説明ができないならば、どこにお願いしても支援を受けることは難しいということでしょうか？

中村中：本来は、黒字化するための策を相談を行う前に経営者が検討するべきです。とは言っても、自力で再建方法を見いだせない窮境に陥った企業に対して、国としては内閣府・金融庁・中小企業庁の連名で平成24年4月20日に政策パッケージを公表し、対策を3つの柱として明記しました。平易な文章ですのでご一読をお勧めします。まず、金融機関は前掲の「金融庁の提案するソリューション例」（46～47頁参照）で対応し、公的機関は「地域経済活性化支援機構及び中小企業再生支援協議会の機能及び連携の強化」で対処し、地域としては「中小企業支援ネットワーク」を活用することを勧めています。なお、以下の政策パッケージでは、地域経済活性化支援機構を企業再生支援機構と書かれていますが、これは、平成25年3月18日に改組されました。

平成24年4月20日
内閣府・金融庁・中小企業庁

中小企業金融円滑化法の最終延長を踏まえた
中小企業の経営支援のための政策パッケージ

　中小企業金融円滑化法の最終延長を踏まえ、中小企業の経営改善・事業再生の促進等を図るため、以下の取組みを強力に進めることとし、関係省庁・関係機関と連携し、早急にその具体化を図る。

　さらに、中小企業の事業再生・業種転換等の支援の実効性を高めるための施策を引き続き検討する。

1. 金融機関によるコンサルティング機能の一層の発揮

　金融機関は、自助努力による経営改善や抜本的な事業再生・業種転換・事業承継による経営改善が見込まれる中小企業に対して、必要に応じ、外部専門家や外部機関、中小企業関係団体、他の金融機関、信用保証協会等と連携を図りながらコンサルティング機能を発揮することにより、最大限支援していくことが求められている。

　このため、金融庁は、以下の取組みを行うことにより、金融機関によるコンサルティング機能の一層の発揮を促す。

① 各金融機関に対し、中小企業に対する具体的な支援の方針や取組み状況等について集中的なヒアリング(「出口戦略ヒアリング」)を実施する。
② 抜本的な事業再生、業種転換、事業承継等の支援が必要な場合には、判断を先送りせず外部機関等の第三者的な視点や専門的な知見を積極的に活用する旨を監督指針に明記する。

　(注)　今般の東日本大震災により大きな被害を受けている地域においては、中小企業の置かれている厳しい状況や中小企業のニーズに十分に配慮したコンサルティング機能の発揮が強く求められている。また、産業

復興機構や東日本大震災事業者再生支援機構も整備されている。こうした点を踏まえ、事業再生に当たっても、被災地の実情を十分に配慮した中長期的・継続的な支援が期待される。

2. 企業再生支援機構及び中小企業再生支援協議会の機能及び連携の強化

財務内容の毀損度合いが大きく、債権者間調整を要する中小企業に対しては、企業再生支援機構（以下、「機構」という。）や中小企業再生支援協議会（以下、「協議会」という。）を通じて、事業再生を支援する。

このため、内閣府、金融庁、中小企業庁は緊密に連携して以下の施策を実施することにより、両機関の機能及び連携を大幅に強化する。

(1) 機構においては、以下の取組みを積極的に推し進め、中小企業の事業再生を支援する仕組みを再構築する。

① 中小企業の事業再生支援機能を抜本的に強化するため、専門人材の拡充を図る。

② 下記(3)のとおり、中小企業再生支援全国本部（以下、「全国本部」という。）や協議会との円滑な連携を図るため、企画・業務統括機能を強化するとともに、協議会との連携窓口を設置する。

③ 中小企業の実態に合わせた支援基準の見直しを行うとともに、協議会では事業再生支援の実施が困難な案件を中心に積極的に取り組む。

④ デューデリジェンス等にかかる手数料の負担軽減を図る。

(2) 協議会においては、以下の取組みを行うことにより、その機能を抜本的に強化する。

① 金融機関等の主体的な関与やデューデリジェンスの省略等により、再生計画の策定支援を出来る限り迅速かつ簡易に行う方法を確立する。（標準処理期間を２ヶ月に設定。協議会ごとに計画策定支援の目標件数を設定し、24年度に全体で３千件程度を目指す）

② 事業再生支援の実効性を高めるため、地域金融機関や中小企業支援機関等の協力を得て、専門性の高い人材の確保及び人員体制の大幅な

拡充を図る。
　③　経営改善、事業再生、業種転換、事業承継等が必要な中小企業にとって相談しやすい窓口としての機能を充実し、最適な解決策の提案や専門家の紹介等を行う。
(3)　機構及び協議会においては、以下の取組みを行うことにより、連携を強化する。
　①　機構又は協議会が相談を受けた案件について、他方が対応した方が効果的かつ迅速な支援が可能となる場合には、相互に案件の仲介等を行う。このため、機構と全国本部は連携して、相互仲介ルールを策定する。
　②　事業再生支援機能の向上や上記(2)③の相談機能を実務面から支援するため、機構と全国本部は連携して、中小企業の経営状況の把握・分析や支援の手法等に係る改善や指針等の策定を行い、それらを協議会とも共有する。
　③　機構は、協議会が取り組む案件について、相談・助言機能を提供する。
　④　機構及び全国本部は、協議会や金融機関が必要とする専門性を有する人材を紹介できる体制の構築を進める。
　⑤　機構、協議会及び全国本部との間で、「連携会議」を設置する。

3．その他経営改善・事業再生支援の環境整備

　金融機関によるコンサルティング機能の発揮にあたって、経営改善・事業再生支援を行うための環境整備も不可欠となっている。
　このため、内閣府、金融庁及び中小企業庁は、以下の施策を実施する。
(1)　各地域における中小企業の経営改善・事業再生・業種転換等の支援を実効あるものとするため、協議会と機構を核として、金融機関、事業再生の実務家、法務・会計・税務等の専門家、中小企業関係団体、国、地方公共団体等からなる「中小企業支援ネットワーク」を構築する。
(2)　地域における事業再生支援機能の強化を図るため、地域金融機関と中小企業基盤整備機構が連携し、出資や債権買取りの機能を有する事

業再生ファンドの設立を促進する。
⑶　公的金融機関による事業再生支援機能を充実させるため、資本性借入金を活用した事業再生支援の強化について検討する。
⑷　以上に加え、中小企業の事業再生・業種転換等の支援の実効性を高めるための施策を検討する。

　以下の図は、「2．企業再生支援機構及び中小企業再生支援協議会の機能及び連携の強化」を解説したものです。なお、「1．金融機関によるコンサルティング機能の一層の発揮」については「金融庁の提案するソリューション例」（46 ～ 47頁参照）をご参照ください。

図表1-12　企業再生支援機構及び中小企業再生支援協議会の機能及び連携の強化

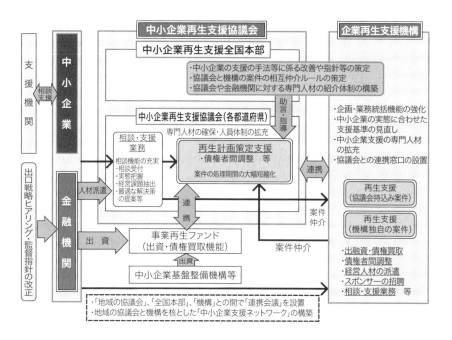

　次の図表1-13と図表1-14は、「3．その他経営改善・事業再生支援の環境整備」を解説する図表です。

図表1-13 （参考）「中小企業支援ネットワーク」のイメージ

○地域内の金融機関同士であっても、経営改善や再生に対する目線や姿勢が異なるため、普段からの情報交換や経営支援施策、再生事例の共有等により、経営改善や再生の目線を揃え、面的な経営改善、再生のインフラを醸成し、地域全体の経営改善、再生スキルの向上を図る。
○参加機関間の連携強化により、各機関が有する専門知識を円滑に活用できる関係の構築を図る。
○地域毎（県単位を想定）に「中小企業支援ネットワーク」を構築。活動内容、開催頻度、参加者等は地域の実情に応じて決定。
○各地域における自律的な取組として、地元中小企業の迅速な経営改善・事業再生を促進するため、地方公共団体、協会、協議会、経営支援機関等を中心に関係機関が連携を図り、中小企業を支援する枠組を構築済み、もしくは構築に向けた準備を進めてきた地域については、従前の取組を活用・発展。

～中小企業支援ネットワーク

参加機関の連携促進

| 地方公共団体 | 経営支援機関 | 専門家 | 政府系金融機関 | 地域金融機関 | 保証協会 事務局 | 再生支援協議会 | 企業再生支援機構 | 財務局 | 経産局 |

（事務局が地方公共団体や再生支援協議会の場合もある）

■ 参加機関：地域金融機関、信用保証協会、政府系金融機関、中小企業再生支援協議会、企業再生支援機構、事業再生の実務家、法務・会計・税務等の専門家、経営支援機関（商工会、商工会議所等）、地方公共団体、財務局、経産局等
■ 活　　動：定期的（年2～3回程度）に、情報交換会や研修会（施策ツールの紹介、地域金融機関による再生支援の取組、再生手法に関連する勉強会等）により、地域全体の経営改善、再生スキルの向上を図る。

図表1-14 （参考）「個別中小企業者を支援する枠組み」のイメージ

○既に一部地域では、個別中小企業者を支援していく枠組み（事業者とメイン行の要請に基づくバンクミーティング等）が開催されている。
○中小企業支援ネットワークの構築に際し、地域の実情を踏まえながら、各地域において、個別事業者支援する枠組みの構築に向けて検討。

～個別事業者を支援する枠組み（経営サポート会議）～

中小企業者の負荷（中小企業者が経営改善計画を策定していく過程において、複数の金融機関との調整に多大なコスト、時間を要する等）を低減し、関係者が迅速に中小企業者の支援に向けた方向性について意見交換する枠組み。
※常設の会議体としてではなく、個別中小企業者の支援のため、事務局（信用保証協会等）を軸に、当該個別中小企業者と関係者が集まる枠組み想定。

流れ（イメージ）　想定されるメンバー：中小企業者、金融機関（メイン行、関係金融機関）、信用保証協会等

中小企業者とメイン行の要請に基づき、バンクミーティングを開催 中小企業者と関係金融機関等が意見交換を実施 各金融機関が自らの対応方針（条件変更等）を決定（各金融機関が各々の判断の下に自行の方針を決定）

事務局は、関係者の日程調整、会場手配等を担う

・経営改善計画策定までの経過、財務内容、経営改善案、債権者への支援依頼事項や資金計画を含む経営改善計画を中小企業者から説明
・計画内容について、意見交換

※事業者の計画策定に際しては、既存の施策ツール（専門家派遣事業等）の活用や経営支援機関等との連携を検討
※案件に応じて、再生支援協議会や地域再生ファンド、弁護士等と連携し、案件を引き継ぐことも検討

【ポイント】
窮境状態の会社は、まずは、黒字化するための経営改善計画の策定を行い、それが困難な場合は、平成24年4月20日公表の政策パッケージの活用を検討する。

(2) 顧問先をサポートする際に理解しておくべき項目

Q-1-17 金融機関との付き合い方について

山本税理士(新人)：財務状況が正常な会社でも、有事の際に金融機関から借入が行えなくなることを危惧して、必要以上に複数行庫と付き合う努力をされている中小企業があります。このような努力は効果があるのでしょうか？

中村中：それは、昭和20～30年代の貸出枠が少ない時の呪縛ですね。付き合う金融機関が必要以上に多くなるほど借入後の金融機関への報告負担が大きくなります。一方、財務状況が苦しくなった時には、取引金融機関が多い場合、各行庫が責任逃れに走る可能性がありますので、金融機関調整が難しくなることが予測されます。

田中税理士(ベテラン)：例えば、資金繰りが厳しくなった時に超長期の返済（リスケ）による金融機関支援を依頼することがありますが、全ての金融機関の借入を1本化（債務の1本化）して、会社のキャッシュフローで返済を行うのですが、どのような条件で返済を行っていくかについて、金融機関が多くなるほど調整が難しくなります。むしろ、借入行を絞り込んで、しっかりした情報開示を行い、連携を強め交渉力を強化することの方が効果的だと思います。

中村中：その通りですね。現在は、金本位制ではなく、マネー流通量は日本銀行が柔軟に調整できる管理通貨の時代になったのです。したがって、メリハリをつけて自社にメリットを与えてくれる金融機関を

絞り込んでお付き合いされるべきです。

山本税理士(新人)：また、必要もない借入を「お付き合い」で行っているという話を経営者から聞きます。必要もない借入を行い、そのためのコストを負担してまで金融機関との付き合いを重視しないといけないのだろうかと疑問に思います。

田中税理士(ベテラン)：そのような経営者は多いですよね。支払利息の負担のみならず、決算をまたいで借入金が残った場合、自己資本比率等の指標が悪くなるので、良い面はないように思います。

中村中：お付き合いを重視されることについて反対はしませんが、自己資本比率が低くなれば、一般的に金融機関は格付け（債務者区分）を下げてしまいます。仮に、5行と取引している企業が1行の要請のために両建借入（預金と同額の借入をすること）をしたならば、他の4行の格付け（債務者区分）が引き下げられる可能性もあるのです。そのような依頼を断ったからと言って担当者や支店長は、一時的に不機嫌になることがあるかもしれませんが、今後の取引が不利になることはありません。むしろ、自社の貸借対照表における自己資本額や総借入が最適か否かに注視し、どこの金融機関からいくら借入をするべきかを冷静に決定するべきです。借入や預金はあくまでも自社の論理で決めるものです。

山本税理士：しかし、中小企業は設立当初、金融機関で借入はおろか口座の開設も難しいという話を聞きますので、金融機関の機嫌を損ねるということに敏感になってしまうのではないでしょうか？何故、設立当初の会社に対して対応が悪いのでしょうか？

中村中：対応が悪いということではないのです。金融機関はコンプライアンス、ガバナンスを徹底しているため、設立直後で実績のない会社については、十分に調査をしなければ融資を行えないのは当然です。もしも、その企業が裏の社会と通じていたり、テロリスト資金を扱う企業であったら、大変です。経営者のキャリア・企業理念・沿革・株

主構成など会社の内容説明は必須です。一方、新しく設立した会社や新規に貸出を始める企業に対する融資は、金融機関の見方としては、コーポレートファイナンス（企業金融）というよりも、むしろ厳しい目で資金使途やキャッシュフローを見ながら事業内容を吟味するプロジェクトファイナンス（事業金融）として扱うものです。

田中税理士：だから、創業時借入の際には、企業全体を表現する経営改善計画書に加えて、事業内容を具体的に説明する資料と事業計画書を詳細に作成して担当者に説明する必要があるのです。

中村中：その通りですね。コーポレートファイナンスならば、取引実績を積んだ後にその企業業績や純資産について金融機関に理解してもらう必要がありますが、設立したばかりの会社ならば、何と言っても個々の事業計画について詳しくかつ保守的なスタンスで説明することがポイントになります。

山本税理士：一方で、設立して数年経つ中小企業でも、地銀やメガバンクから融資を受けることが難しいと聞きます。中小企業の経営者の中には、金融機関の規模が大きくなるほど融資を受けることが大変なことのようなイメージを持っておられる方がいらっしゃるように感じます。

中村中：多くの場合、金融機関に対するプレゼンテーションと情報開示が不十分であることに原因があると思います。どのような形で業績を伸ばして行って、キャッシュフローを生み出して、問題なく返済できるかが明確に文書化できていれば、そのようなことは一般的には起こらないと思います。金融機関は投資家の側面も持っています。投資家は上場企業に対して、厳しい情報開示を求め、最近では、内部統制の整備・運用状況に関しても開示を行うことを要求しています。貸出先企業に対しても、経営改善計画書などの情報開示内容をシビアに判断することは金融機関の審査としては当然です。ちなみに、金融機関の審査プロセスは以下の4通りとなります。

図表1-15　金融機関の審査プロセス

●第1プロセス

企業審査	第1行程	定量分析（財務分析）チェック＝自己資本比率・債務償還年数など
	第2行程	定性分析（金融検査マニュアル別冊）チェック＝営業力・販売力など

●第2プロセス

		資金使途チェック		担保・保証チェック
事業審査	短期マネーフロー（主に「資金繰り実績・予想表」でチェック）	1）仕入・在庫・販売 2）賞与・決算 3）正常なる運転資金		コベナンツ（財務制限条項）
	長期マネーフロー（主に「資金運用調達表」でチェック）	1）設備 2）長期運転資金 3）貸出構成修正 4）事業再生 5）経営改善支援	第1プロセス、第2プロセスの審査でリスクが大きいとき	流動資産担保（ABL等）
	資本的資金充当貸出（含、ファンド等）	1）創業（成長） 2）業種転換 3）自己株式購入 4）M&A 5）事業承継		従来型固定資産担保（不動産・株式等含定期預金）

●第3プロセス（企業審査・事業審査不可の場合）

	大分類	小分類
エリア審査	ステークホルダーへの貢献度	消費者（顧客）
		仕入先
		得意先
		従業員
		株主
		債権者
		地域住民
		行政機関
		その他（　　　）
	地域貢献への当社の意欲	経営者等役員
		従業員
		その他（　　　）
	地域・地元での当社への評価	税理士・公認会計士
		商工会議所・商工会
		学・官
		その他（　　　）

「企業審査」→「事業審査」→「担保・保証チェック」→「エリア審査（リレバン審査）」ですが、自社の強みがこのプロセスのどこにあるのかを見極めて金融機関に説明することが大切です。

山本税理士(新人)：ところで、会社の規模によって主に付き合う金融機関の種類（メガバンク、地銀、信用金庫など）の適合はあるのでしょうか？

中村中：金融機関の種類によって中小企業に対する考え方や対応は変わりませんので、どこと付き合っても不適合はないです。強いて言えば、支店長の裁量権限の大きさは金融機関により異なります。例えば、某メガバンクの場合、支店長の信用貸の権限が1億円あるとすれば、某信用金庫では2〜3千万円といった具合です。支店長の権限を超える場合は、本部に稟議が必要になるため、融資スピードが変わってくるということはあります。一方、メガバンクのケースは信用金庫より地元のインフォーマル情報が少ないために、柔軟な判断ができないこともあります。総じて言えば、それほど変わることはありません。

山本税理士：経営者によっては、より大手の金融機関との付き合いを希望される場合があります。支店長の裁量権限以外に大手の金融機関と付き合うことにどのようなメリットがありますか？

中村中：過去にメイン銀行制が存在していた時には、メイン銀行が他の全ての借入先金融機関を調整して、中小企業の借入条件を仕切るという役割を担っていました。大手の金融機関がメイン行である方が返済猶予や条件緩和を受ける時などにスムーズに金融機関調整が行えるというメリットがありました。また、「手形や小切手の不渡りを自行の当座預金から出すことは自行の信用を傷つける」という考え方が平成の一桁の時代までは各金融機関にありました。その時は、世間的に信用があると言われた大手の金融機関は手形決済時には柔軟に対応してくれるとも言われていました。したがって、大手の金融機関と付き合っ

ていることで取引先などから財務安全性が高いという評価を受けたのも事実でした。しかし、メイン銀行制が無くなった現在では、このような評判はほとんどなくなりました。年齢の高い経営者の中には、未だに大手金融機関と付き合っているから安心という漠然としたイメージが残っているのでしょう。

田中税理士(ベテラン):現在では、金融機関の規模にこだわることよりも、会社が税理士・公認会計士のサポートにより、しっかりした情報開示を行い、金融機関の支店・本部から信用を得ることが大切だと思います。

山本税理士(新人):では、金融機関と良好な関係を築くために普段から金融機関に対してどのように対応すべきかのポイントを教えてください。

中村中:金融機関の人員削減が進み、担当者が会社の状況を詳細に把握することが難しくなった現状では、金融機関に対して理解して欲しいことがあれば、文書化することが必要です。文書にすることにより、経営者が直接対峙しない本部の審査担当者が稟議決済を円滑に行えることになります。支店の担当者に自社の内容を話して書類を作成してもらうよりも自社で自らしっかりした文書を作成し、それを本部・審査部に直接届けてもらう方が、正確に会社の状況を伝えることができます。

田中税理士:初めは文書化のコツがつかみにくいかもしれませんが、金融機関の担当者に「稟議が通りやすい資料を作るにはどうしたら良いか」と何回か確認いただくことが効果的な文書化には早道だと思います。

山本税理士:以前は、金融機関との取引は難しいもので気を遣うイメージがありましたが、金融機関の考え方や仕組みの理解、自社の実態把握と情報開示ができれば、スムーズなやりとりができることが分かりました。税理士・公認会計士による適切なサポートで経営者の金融機

関に対する不安は解消できるということですね。

> 【ポイント】
> 金融機関の考え方や仕組みの理解、会社の実態把握と情報開示ができる税理士・公認会計士によるサポートで経営者の金融機関に対する不安は解消できる。

Q-1-18 金利交渉について

山本税理士：現在受けている融資の金利を金融機関に低減してもらいたい場合にどのように交渉したらいいでしょうか？

中村中：まず、金利の構成を考えるべきです。金融機関の仕入値である「市場金利」、金融機関の人件費や管理費などの「コスト率」、金融機関の儲け部分の「利益率」であり、そしてその貸出が回収できない場合の「リスク率」の4つの要因でできています。「リスク」は回収できない際の損失予測で、企業として交渉できる部分はこの「リスク率」

図表1-16

□資料　格付け連動型金利の構成要因		
		適用金利　5%
		リスク率　3.5%
	適用金利　3%	
	リスク率　1.5%	
適用金利　2%		
リスク率　0.5%	コスト率＋利益率　1.45%	コスト率＋利益率　1.45%
コスト率＋利益率　1.45%	市場金利　0.05%	市場金利　0.05%
市場金利　0.05%		
〈従来の金利〉	〈正常先の下位〉	〈要注意先〉

の部分になります。自社への貸出について回収不能となるリスクが低いことを金融機関に納得してもらえれば良いわけです。それに加えて他行動向を考慮する必要があります。複数の金融機関へのコンペで金利がかなり下がるというケースもあります。

　金利は、金融機関の支店決済ができる数少ない項目です。したがって、担当者と交渉することが比較的容易ということです。ただし、固定金利の場合は、金融機関が固定金利マーケットから資金調達している可能性がありますので、交渉が難しいことがあります。また、極端に安い金利についても、本部・審査部の決定権限になっています。

　自社の金利が不条理であると感じられた場合には、金融機関の担当者に対して何故そのような金利となっているかを確認してみてください。

山本税理士(新人)：担当者からは、「本部で決められている」「貴社との過去の取引状況から総合的に決めている」などと回答されました。

中村中：その場合、もう一歩踏み込んで、上記の金利の構成ごとにどのように積み上がっているのかを担当者へ聞いてみてください。リスクが高いから高い金利となっていると回答された場合は、会社の債務について保証、担保の有無などからリスクが本当に高いかどうかを検討してみてください。保証や担保、資金返済計画からリスクが高くない旨を説明できれば引き下げの余地があります。

【ポイント】
金利の交渉を行うには、金利の構成を理解した上で、自社の状況を金融機関に説明することが重要である。

Q-1-19 シンジケートローン、私募債

山本税理士：新規投資などのために金融機関から借入を行う際、シンジ

ケートローン、私募債を勧められると聞きました。これらは通常の借入と何が違うのでしょうか？

中村中：シンジケートローンや私募債は多くの場合、プロジェクトファイナンス（個別事業金融）という形で利用されるものです。通常の借入はコーポレートファイナンス（企業金融）になります。本来、プロジェクトファイナンスはプロジェクト（事業）を実施する場合に、その事業体である企業や団体の信用や都合にあまり拘束されないようにするものです。一つの事業やプロジェクトについて、将来のキャッシュフローや収益性を見て融資を決定します。プロジェクト開始前に事業計画を通して、キャッシュフローの確認を行い、勝算があれば実行するというものです。本来ならば、これらの手法は証券化して多数の投資家に引き受けてもらい、金融機関の資金負担や財務体質の劣化を防ぎ、リスク分散を図るものです。

　また、プロジェクトファイナンスはプロジェクトごとの評価になります。したがって、事業（プロジェクト）評価を厳格にして個別にリスクを見極めて引き当てます。コーポレートファイナンスは事業の集積体である企業の評価で債務者区分などの大雑把な評定を行って、一般引当という手法を原則として使います。

田中税理士(ベテラン)：金融機関から見た目線で考えると少し難しいですが、プロジェクトを企業の他の部分から切り離して評価し、融資を付けるので、企業から見るとプロジェクトが評価されれば融資が受けられるということです。当方の関与先でも、新規事業に当たり、シンジケートローンで資金調達されたのですが、しっかりした事業計画を作成していたお蔭で、会社の規模に比して多額の調達ができました。

山本税理士：そのためにプロジェクト計画の提出や手数料等負担が必要になるということですね。それでは、プロジェクトが上手く行かなかった場合は、債務免除を受けられるのですか？

中村中：本来、これらのファイナンスは金融機関同士の資金マーケットでのマッチングが原則です。将来マッチングしようと各金融機関は思っているはずですが、実際には金融機関間のマーケットでは、このようなもののマッチングはなかなかできないと思います。そのために、金融機関の自己勘定を使い、結果として金融機関自身の資金負担となっていることが多いようです。最近は、金融機関内部のコンプライアンス、ガバナンスの励行でこれら手法の件数は激減していると思います。

通常の場合は、取扱件数が多い私募債は金融機関の内部で自己勘定になっていることが多いようですので、長期借入に振り替えてもらうことになり、他の債務と同様に柔軟に扱われる可能性が高いですね。

山本税理士(新人)：ということは、当然に債務免除を受けられるわけではなく、契約内容などにより、通常の借入と同様に返済が必要となる可能性があるということですね。

【ポイント】
プロジェクト単独の評価で資金調達を行うためには、シンジケートローンや私募債を利用する方法がある。

Q-1-20 経営者保証ガイドライン

山本税理士：平成25年12月に経営者保証に関するガイドラインが公表されましたが、現実的に経営者保証を行わない借入は可能でしょうか？

中村中：先ほど少しご紹介しましたが、中小企業庁は経営者保証ガイドラインについてチラシを作成しています（50頁参照）。経営者保証に関するガイドラインの主な目的は、廃業する際に経営者に最低限の生活ができる財産を残し、再起の道を確保しようというものです。再生

支援を勧めると、同時に再生できず、廃業することを選択せざる得ない企業も当然でてくるということです。その場合にこのガイドラインがセーフティーネットとなります。

一方、「法人と個人が明確に分離されている場合などに経営者の個人保証を求めないこと」という条項もありますが、小企業の場合はなかなかこの条項を適用できる企業は少ないようです。新規借入先の保証免除も既存先の保証解除もほとんど実績は無いようです。保証免除・解除には「法人と個人が明確に分離されていること」をその企業自身が情報開示することがポイントになります。

【ポイント】
経営者保証を行わない借入の活用についても、企業の適時適切な情報開示がポイントになる。

Q-1-21 粉飾に関する金融機関の考え方

山本税理士：関与先の中には、経営者の要望や会社の管理能力などの理由により、税務申告だけを目的とした決算を行っている会社もあります。適切な会計処理の観点から見ると金融機関から粉飾と判断される可能性があるのではないかと少し心配をしているのですが、金融機関は決算書の粉飾に対してどのような考え方を持っているのでしょうか？

中村中：粉飾を行っている中小企業は多いと思い込んでいる金融機関の支店の貸出担当者はかなりいます。本部・審査部は、金融機関の内部で行う自己査定をその企業の真の姿すなわち決算書としています。本部依存が絶対なものと思い込んでいる支店担当者は、会社から提出された決算書と、本部が認めた自己査定を行った後の決算書の勘定科目の差異を粉飾と見ることがあります。

山本税理士：具体的には、金融機関や取引先への好印象を維持する場合や、建設業であれば経営事項審査（経審）のために業績を良く見せる目的で減価償却をフルに計上しない場合、また期末時点で未払経費の処理が決算に間に合わず翌期に計上するような場合などがあります。このような場合は、粉飾として見ているということですか？

中村中：ある程度経験を積んだ金融機関の担当者は、中小企業のそういった事情は理解できるので、許容範囲内であれば、目くじらを立てません。しかし、経験の浅い担当者は、このことを理解できず受け入れられないこともあります。中小企業経営者や税理士などの支援者は、これらの事情も詳しく金融機関担当者に説明しないと、時には担当者に鬼の首を取ったように大騒ぎされることもありますので注意が必要です。

田中税理士(ベテラン)：そのようなことにならないように、できるだけ適切な会計処理を行うように顧問税理士が会社を指導していくことが大事ですね。

中村中：どのような場合にせよ、多額の資金調達を行うために、説明できないような決算書を不正に作成することは絶対に行ってはなりません。例えば、金融機関ごとに違う決算書を提出するなどということは許されない行為ですね。

山本税理士(新人)：それは当然だと思います。しかし、適切な会計処理を行っていても、金融機関の内部の自己査定と違う数字となれば、このことを粉飾と看做されるのは困るのですが。

中村中：中小企業会計指針、中小会計要領に則って処理を行っていれば、本部の自己査定と乖離することは、まずありません。ちなみに、金融機関の自己査定（資産査定）の決算書は、金融機関の内部では「実態バランスシート」と言われ、ほぼ中小会計要領と同程度の時価評価・減損処理を行ったものです。以下に、その実態バランスシートの作成プロセスの例を示します。これは、確定決算書の残高に修正を行い、

図表1-17 実態バランスシート作成のプロセス

	H24年度	修正額	実質金額	備考
流動資産	442,876,781	-136,073,920	306,802,861	
現金預金	37,748,847		37,748,847	
受取手形	0		0	
売掛金	96,633,144	-5,639,674	90,993,470	相手先倒産のため減額。
商品	61,001,424	-24,369,674	36,631,750	棚卸による差異。
製品	45,464,498	-13,697,598	31,766,900	棚卸による差異。
原材料	84,375,986		84,375,986	
貯蔵品	5,459,361	-4,366,974	1,092,387	棚卸による差異。
前渡金	2,220,462		2,220,462	
前払費用	11,160,023		11,160,023	
短期貸付金	8,632,350	-3,000,000	5,632,350	中国現地法人への貸付金を減額。
仮払金	91,230,687	-85,000,000	6,230,687	中国現地法人への仮払金を減額。
未収入金	0		0	
仮払消費税等	0		0	
貸倒引当金	-1,050,000		-1,050,000	
固定資産	363,416,208	-184,551,398	178,864,810	
有形固定資産	264,899,423	-177,724,493	87,174,930	
建物	86,601,716	-81,035,697	5,566,019	過去の減価償却不足。
建物付属設備	3,678,116	-2,369,865	1,308,251	過去の減価償却不足。
構築物	1,822,979	-569,365	1,253,614	過去の減価償却不足。
機械装置	42,669,518	-13,569,374	29,100,144	過去の減価償却不足。
車両運搬具	235,103		235,103	
工具器具備品	6,787,707	-1,635,964	5,151,743	過去の減価償却不足。
土地	123,104,286	-78,544,228	44,560,058	不動産鑑定評価を時価として減額。
無形固定資産	3,755,471	-1,826,905	1,928,565	
借地権	812,250	-812,250	0	実質無価値として減額。
電話加入権	693,680	-693,679	0	
ソフトウェア	320,976	-320,976	0	実質無価値として減額。
特許権	1,928,565		1,928,565	
投資等	94,761,315	-5,000,000	89,761,315	
出資金	15,325,800	-5,000,000	10,325,800	中国現地法人への出資金を減額。
企業共済	61,421,244		61,421,244	
保証金	2,397,000		2,397,000	
長期前払費用	15,617,271		15,617,271	
繰延資産	426,000	-426,000	0	
権利金	426,000	-426,000	0	実質無価値として減額。
繰延資産			0	
資産の部合計	806,718,989	-321,051,318	485,667,670	
	H24年度	修正額	実質金額	
流動負債	176,646,044	20,500,000	197,146,044	
支払手形	13,182,427		13,182,427	
買掛金	6,141,741		6,141,741	
仮受金	0		0	
仮受消費税等	5,107,950		5,107,950	
短期借入金	94,250,000		94,250,000	
未払金	57,398,501		57,398,501	
未払費用	0		0	
前受金	0		0	
預り金	545,625		545,625	
法人税等充当金	19,800		19,800	
退職給付引当金		20,500,000	20,500,000	退職給与引当金を計上。
賞与引当金				
固定負債	597,757,027	0	597,757,027	
長期借入金	589,133,000		589,133,000	
役員借入金	8,624,027		8,624,027	
負債の部合計	774,403,070	20,500,000	794,903,070	
資本金	20,000,000		20,000,000	
利益剰余金	12,315,919	-341,551,318	-329,235,400	
利益準備金	6,000,000	0	6,000,000	
その他利益剰余金	6,315,919	-341,551,318	-335,235,400	
別途積立金	5,000,000		5,000,000	
繰越利益剰余金	1,315,919	-341,551,318	-340,235,400	
純資産の部合計	32,315,919	-341,551,318	-309,235,400	
負債・資本の部合計	806,718,989	-321,051,318	485,667,670	

実質金額を算出してその理由などを備考に記入したものです。

中小会計要領は、中小企業会計指針と同様に税理士・公認会計士の先生であればよくご存知の内容であると思います。

「中小会計要領」について

「中小会計要領」とは、中小企業の実態に即してつくられた新たな会計ルールです。

非上場企業である中小企業にとって、上場企業向け会計ルールは必要ありませんが、中小企業でも簡単に利用できる会計ルールは今までありませんでした。
「中小企業の会計に関する基本要領（中小会計要領）」は、次のような中小企業の実態を考えてつくられた新しい会計ルールです。
・経理人員が少なく、高度な会計処理に対応できる十分な能力や経理体制を持っていない
・会計情報の開示を求められる範囲が、取引先、金融機関、同族株主、税務当局等に限定されている
・主に法人税法で定める処理を意識した会計処理が行われている場合が多い

田中税理士(ベテラン)：これらの要領、指針に則って処理を行っている旨を顧問税理士から金融機関へ報告することも重要ですね。日本税理士会連合会等から準拠に関するチェックリストを入手できますのでチェックを実施し、決算書に添付して金融機関へ提出すれば、決算書の信頼性が増します。また金融機関によってはチェックリストの提出により借入条件が有利になる商品があります。事情によりこれらの指針等に準拠できない決算書については、指針・要領と異なる点を明らかにすることが大切です。

【ポイント】
決算書の信頼性を高めるためには、中小企業会計指針、中小会計要領に準拠し、チェックリストを添付することが有効である。

3 経営改善計画策定支援の具体的手法

この項では、経営改善計画策定支援の際の具体的な手法について若手の**山本税理士**が勉強会顧問である**中村中**、先輩の**田中税理士**に質問した内容とその回答を紹介いたします。

Q-1-22 業績改善に関する支援手法

山本税理士(新人)：経営改善計画策定支援の中で、経営者に対して、経営に関するアドバイスを行う必要があると思うのですが、外部の専門家が経営についてアドバイスを行うことがとても難しいように感じます。

田中税理士：会社の経営について一番理解しているのは、もちろん会社の経営者及び従業員です。そこで、経営者や担当の従業員の方々に質問を行い、総合的、鳥瞰的見地から企業全体を見渡して、いくつかの取りうる対策を文書化して提案することが王道です。どの方法を採用するかは、経営者に決めてもらうのです。それをもとに経営改善計画・再生計画案を検討し、最終案をもとに策定支援し、実行に移してもらうように支援を行います。

山本税理士：なるほど、会社からの情報を第三者目線で整理し、どの方法を取るかは会社の経営者に決めてもらうということですね。では、業績アップの具体的な検討方法を教えてください。

田中税理士：財務DDの中で把握した窮境原因について、事業DDを実施し、対応策を検討し事業方針を策定します。事業DDは、税理士・公認会計士にとって、従来の業務とかけ離れた分野なので馴染みが少なく、中小企業診断士などに丸投げされる場合が多いですね。

中村中：しかし、まずは、税理士・公認会計士自身や事務所の役職員が分担し事業DDを行う方法を検討してみてください。税理士や公認会

計士は、財務DDの段階で既に大雑把にその企業の問題点や方向性は捉えているはずです。さらに中小企業の営業担当者や製造担当者にヒアリングを行えば、そこから現実的・建設的な回答を得て、実行可能性の高い経営改善計画を策定できる場合が多いと思われます。

山本税理士(新人)：何故、税理士・公認会計士が事業DDを実施することを勧められるのですか？

中村中：金融機関は、経営改善計画に落とし込めるような具体性を持った事業DDや、5年以内に債務超過を解消したり10年以内に債務者区分が正常先または要注意先までランクアップできるような収益に結び付いた事業DDを求めているからです。すなわち、財務DDにリンクし、キャッシュフローや返済財源またモニタリングとも結びついた事業DDでなければ、金融機関としてはその事業DDは受け入れにくいのです。したがって、中小企業診断士に丸投げするよりも、むしろ借り手中小企業の営業・技術などの現場の担当者に質問を行い、アクションプランに結び付けてまとめた事業DDの方が効果的で金融機関に歓迎されるということです。

田中税理士(ベテラン)：確かに、どれだけ精度の高い事業DDを実施しても、結果的に必要な経営改善計画、ひいては、返済計画の数値に結び付かなければ意味がないですね。そのために、財務DDを実施し、計画数値を作成する税理士・公認会計士が可能であれば事業DDまで実施することが効果的であるということですね。

山本税理士：しかし、今の段階で自分が事業DDを実施することは難しいです。中小企業診断士に効果的にお願いするにはどのようにすればよいでしょうか？

中村中：中小企業診断士等に丸投げされる場合は、事業DD自体として、守備範囲が極めて広いため財務DDの結果や資金繰りシミュレーションまた経営者や営業担当者へのヒアリングなどの中から、その事業DD分野を絞り込んで中小企業診断士等に具体的な成果物のイメージ

を例示して依頼することが大切です。例えば、「費用項目の材料費について問題点を分析してください」とか「最近の売上の不調は中国に対する問題であると思いますので、その点を詳しく教えてください」などということです。常日頃、企業の数値を見ている税理士・公認会計士の先生や事務所の役職員ならば、金融機関が求める事業DDの項目を絞り込むことは、それほど難しいことではありません。また、事業DDの成果物は、税理士・公認会計士に提出してもらい、財務DDと整合性があるか否かを評価して、経営改善計画に反映させることが重要になります。

山本税理士：なるほど、始めは中小企業診断士などに依頼して、その手法を勉強し可能であれば、税理士・公認会計士が実施するというのも一つですね。事務所職員に事業DDの担当として勉強してもらうのも良いかもしれません。

その他に業績アップを行うためのポイントはどのようなものがありますか？

中村中：セグメント管理ですね。事業DDと合わせて、各部署の役割を明確にして、全社で取り組めるような計画を策定することが重要です。具体的には、必要に応じて組織体制を見直し、あるべき組織体制に沿ったセグメント計画を作成します。セグメントは事業別、地域別、製品・商品別などのあまり細かくなり過ぎない範囲で分け、損益管理を効果的に行うことが大切です。セグメントごとの損益とキャッシュフロー予測を集積したものが企業全体の損益計画であり、キャッシュフロー計画となります。このキャッシュフロー計画から返済財源を確保できるように検討を重ねるのです。

山本税理士：組織体制の見直しまで行い計画の実効性を高めるのですね。

中村中：その通りです。損益管理と責任、権限をセグメント計画と連動させれば、従業員に対して、業績アップの原動力になります。モニタ

リングを行う場合にも、セグメント別に管理が行えるため、実績と計画の乖離について調整が行いやすくなります。

　ちなみに、税理士・公認会計士が、中小企業診断士などとチームを組んで、本格的な経営改善計画や「実抜計画」「合実計画」を作成する場合、参考となり、またサンプルとしても使える書籍が、『金融機関から高評価を得た「経営改善計画書」事例集Ⅱ（中村中・久保田博三・渡邊賢司編著、TKC出版・平成24年9月3日発行）』です。また、税理士・公認会計士が、事業DDを自ら行うことを想定して書いた書籍が、「中小企業再生への経営改善計画（中村中著、㈱ぎょうせい・平成24年7月30日初版発行）」ですので、ご参考にしていただければと思います。これらの書籍は認定支援機関の当初研修受講者（約4,000人）へ無償で配布されています。

【ポイント】
経営改善計画策定支援において、会社の業績アップのためには事業DDとセグメント計画の策定を効果的に行うことがポイントとなる。

Q-1-23　廃業勧告に関する留意事項

山本税理士(新人)：経営改善計画策定支援を行う場合、再生の可能性がある会社かそうでない会社かの見極めが必要になると思います。廃業勧告すべきかどうかを認定支援機関が見極めるのは、非常に難しいと思います。どのように対応すれば良いのでしょうか？

中村中：まず、当初から再生できない会社と判断することには問題があります。会社に対して3～5回は、再生への手法を模索するように問合わせや意見の投げかけを行うべきです。それでも、何も糸口が見つからない場合は、会社自身に廃業について真正面から検討してもらうことです。認定支援機関が廃業を決めることは控えるべきです。再生

の見込みがないと思われている会社でも、実際に再生できない会社は1割程度のイメージです。経営者は、会社、従業員の将来について責任がありますので、雇用の維持や増加の可能性があったり、地域を活性化できるのであれば、廃業させるべきではないのです。皆さんが思われている以上に日本の中小企業は素晴らしいものです。自力再生が無理であれば、M&A、会社分割、営業譲渡、業種転換などの方法があります。時には、民事再生法を活用して再生することも一策です。重要なことは、会社自身が再生への解決策を考えることです。

田中税理士(ベテラン)：この場合に税理士・公認会計士の支援者がまず、やるべきことは黒字化・再建化ができるまで資金をどうやって調達させるか、つないでもらうかを検討することです。また、解決策が見いだせない企業や決断が行えない経営者に対して清算や廃業の実態を知らせたり、窮境状態の企業に対し一般的に金融機関や取引先債権者がどのように動くのかを知らせて、経営者のやる気や危機感を喚起することも必要ですね。

中村中：また、経営相談・助言・指導を行う支援者は、「民法の利益相反・双方代理・詐害行為」の抵触については、十分気をつけなければなりません。経営相談・助言・指導を行う者は、常に中立な立場でなければなりません。

　利益相反取引・双方代理は、税理士・公認会計士の場合、先生方または税理士事務所の役職員が廃業勧告のアドバイスを行いながら、自分の事務所の未収金・貸付金を回収することです。金融機関の担当者の場合、取引先企業のためにコンサルティングを行いながら、一方では、その取引先企業に不利益となるような、自分の属する金融機関などの貸出を返済させることです。この行為が極端な場合は、詐害行為と言われることもあります。このように、一方の当事者に利益となり、他方の当事者に不利益となるときは、利益相反行為を行った当事者は、不利益を被った当事者から、損害賠償の請求（第709条）を受ける可

能性もありますので、気を付ける必要があります。

　廃業勧告を行い、その経営者が廃業・清算などを決意した場合は、その経営者から、「廃業決意書」「清算方針書」などと言う文書を作成してもらうことをお勧めします。「窮鼠猫を嚙む」などと言うことは不謹慎ですが、私の経験からは、廃業・清算などを決意した経営者の精神状況は尋常ではなくなるものです。考えられないような「魔女狩り」や「責任転嫁」の行動に至ることが多々あるものですから、経営者による文書化は必要です。

【ポイント】
廃業については、会社自身が決めることであり、税理士等の支援者は、「民法の利益相反・双方代理・詐害行為」の抵触に注意し、常に中立な立場である必要がある。

Q-1-24　再生の成否ポイント

山本税理士(新人)：再生の成否を決めるのはどのようなポイントでしょうか？対象会社が衰退業種であれば、再生は難しいように思うのですがやはり業種が重要でしょうか？

中村中：衰退業種だからダメだということはないです。マーケットが縮小したとしても同業者などが廃業や破産などで少なくなれば十分に業績は確保できます。

田中税理士(ベテラン)：その場合には、支援者である税理士・公認会計士は、マーケットシェアをある程度確保するまでの資金をどのようにつなぐかを検討することが重要になります。必要なことは、業種の判定ではなく、資金をどのようにつないでいくかということになりますね。支援者は、適切な資金繰計画、キャッシュフロー計画の作成を支援し、必要な金融機関の支援が受けられる体制を整備していくこと

です。金融機関から支援される借入が短期間である場合は、その短い期間に長期間の経営改善計画を策定し、最終的には長期資金や超長期のリスケまた資本性借入金のDDSの導入を目指すことがポイントになりますね。

山本税理士：それでは、何によって成否は決まるのでしょうか？

中村中：やはり、経営者のやる気です。経営者が再生に対して熱意を持っているかが一番重要です。一方で、そうでない場合でも経営資源や成長性があればM&Aや営業譲渡などを行う余地があります。最も再生が難しい会社は、経営者が金融機関や取引先に対して嘘をつく場合や責任を放棄するような場合です。

山本税理士：しかし、やる気があっても状況が良くなければ支援は受けられないと思うのですが。

中村中：本来の再生支援は、会社の状況に応じて行うべきものです。具体的な内容として、金融円滑化法の第4条に示唆される再生支援策をご紹介します。その第4条は以下のとおりです。

第4条　金融機関は、当該金融機関に対して事業資金の貸付け（以下この条において単に「貸付け」という。）に係る債務を有する中小企業者（第2条第2項に規定する中小企業者であって、次の各号のいずれにも該当しないものをいう。以下この条において同じ。）であって、当該債務の弁済に支障を生じており、又は生ずるおそれがあるものから当該債務の弁済に係る負担の軽減の申込みがあった場合には、当該中小企業者の事業についての改善又は再生の可能性その他の状況を勘案しつつ、<u>できる限り、当該貸付けの条件の変更、旧債の借換え、当該中小企業者の株式の取得であって当該債務を消滅させるためにするものその他の当該債務の弁済に係る負担の軽減に資する措置をとるよう努めるものとする</u>。

この第4条の中で、下線を引いた部分が、具体的な再生手法ということです。すなわち、返済期日の長期化（リスケ・リスケジュール）、旧債務の借換（債務の一本化・三分法返済）、DDS、債権放棄（第二会社方式）ということです。そこで、金融機関の本部・審査部などで窮境企業の再生を目指して使われる、「旧債務の借換（債務の一本化・三分法返済）」の手法と、債務償還年数による再生手法決定のプロセスを以下にご紹介することにします。

事業再生を目指す企業への手法の決め方

1）旧債の借換え・債務の一本化と返済の三分法による返済方法の分類
　金融機関として再生支援する場合は、各金融機関の複数の借入れを全て借り換え、一本化した後に、その債務合計を3つに分類する。
　これを、旧債の借換え・債務の一本化の実施を行った後の返済三分法といい、債務者区分としては主に破綻懸念先以下の企業の再生に採用され、多くの金融機関の本部審査部などで実施されている。
　この三分法は、その企業の総借入れを「企業経営に必要な回転資金借入れ」「不要不急資産を売却して返済する借入れ」、そして総借入れからその2つの借入れを控除した「根雪資金借入れ」の3つに分ける。
　さて、金融機関にとって、再生手法を決定する最も重要な指標は債務償還年数である。
　これは、一般的には、総借入れを営業キャッシュフロー（償却前利益）で除して求めるが、再生手法を決定するための債務償還年数は、「根雪資金借入れ」を営業キャッシュフロー（償却前利益）で除して算出する。
　また、営業キャッシュフローは一般的に、5～10年のラフな実抜計画書とか将来損益計算書で求められる各年のキャッシュフローの平均値であるが、この平均値に限定しなければならないことでもない。

2）債務償還年数に基づく再生手法

債務償還年数＝［根雪資金借入れ］÷［営業キャッシュフロー（償却前当期利益）］

　その債務償還年数と再生支援手法の関係は、下表の通り。

　金融機関の企業再生手法は、窮境にある企業に自助努力・自己責任で再生することを促す。金融機関としては、返済等の緩和を行いながら、その企業の手元にゆとり資金を確保してもらい、具体的な再生事業を自ら展開してもらうことを期待する。

図表1-18　債務償還年数と再生支援手法の目途

債務償還年数	再生の適用手法
約10年以内	リスケジュール（リスケ）
約10～15年以内	利息の元本組み入れ
約15～25年以内	DES（債務の株式化）・DDS（債務の資本性借入化）
約25～50年以内	債権放棄
約50年超	民事再生・破産適用

　上記の「リスケジュール（リスケ）」、「利息の元本組み入れ」、「DES（債務の株式化）・DDS（債務の資本性借入化）」、「債権放棄」という私的再生手法は、この順番で、毎月の返済金額を徐々に少なくしていくものであり、その企業の手元にゆとり資金がそれなりに確保できるものになっている。

山本税理士(新人)：なるほど、経営者が再生に対するやる気を持ち、しっかりとした情報開示と体制の整備ができれば、会社の状況が悪くてもそれに応じた支援策を受けることができるということですね。

【ポイント】
再生の成否を決定するのは経営者のやる気であり、情報開示と体制整備ができていれば、会社の状況に応じた支援を受けることができる。

Q-1-25 窮境状態への対応

山本税理士(新人)：業績、資金繰りが悪くなると経営者に余裕が無くなったり、従業員の業務負担が増えたり、社内の雰囲気が悪くなる場合が多いと思います。中には会社の将来を悲観して退職を検討する従業員も出てくると思いますがどのように対処すれば良いでしょうか？

中村中：それは多くの会社で起こる事象ですね。金融機関としては、再生支援の一環として、人員削減や人件費カットを貸出支援・資金支援の条件として迫る場合があります。多くの場合、これによって負のスパイラルに陥ってしまいます。このような状態を避けるためには、コスト削減に加えて、できるだけ売上げアップを図り、また新たな販売チャネルを獲得するための方策を検討するべきです。費用の削減に注力するよりも、売上の拡大に焦点を置いた計画の策定を行う方が、一般的には早期に回復するものです。また、売上アップ施策は経営者への求心力と信頼も高めるものです。貸借対照表による再生よりも、損益計算書による再生に目を向けようということです。経営者、従業員も過去と同じ業務だけでは、閉塞感を持ち、売上の拡大はなかなかできません。業務負担等を伴っても、新しい販売チャネルの拡大や商品開発に注力することが大切です。

山本税理士：その際に従業員に会社の窮境を伝えても良いものでしょうか？

中村中：会社の状況が悪くなれば、それを隠し通すことは難しいですね。中小企業の場合は、財務・経理部門と金融機関の担当者との電話などから、時には販売先・仕入先とのやり取りで、これらの情報は従業員などに広がってしまうものです。細切れに伝えても混乱を招くだけなので、会社として方針と対策を具体的に決めて伝達を行うべきです。この時に、会社の方針や具体的対策を従業員に伝えるか否かは別にして既に決まっていることがポイントになります。また、従業員のポストや役割またその性格によって、再生計画の全てを伝えるか、業務に

関連する事項だけを伝えるかはケースバイケースです。

> 【ポイント】
> コスト削減ばかりではなく売上アップに注力した計画を検討し、従業員等に混乱が生じないようにしっかりとした方針を策定し、適切な方法で伝達を行う。

Q-1-26 再生支援のチーム編成

山本税理士：中小企業庁ホームページの経営改善計画書のサンプルを見ると策定にかなり手間がかかるように思います。税理士としての日常業務と並行して経営改善計画策定支援業務に携わることは難しいように感じます。

田中税理士(ベテラン)：税理士・公認会計士が一人で全てをこなすのではなく、原則3部門のチーム体制で進めるケースが一般的です。経営者や金融機関との意見交換や作業のプロセス、手数料の決定などを税理士・公認会計士の先生が行い、財務数値の分析、資料作成などの部分は事務所職員の方に任せ、事業DDを中小企業診断士の先生または職員の方に依頼するという3部門体制です。事務所職員を雇用されていない先生は、税理士・公認会計士2人と中小企業診断士1人というような3人のグループでそれぞれの役割を決めてチーム編成されることが効果的であると思います。

> 【ポイント】
> 再生支援業務は、時には事務所の職員や外部の士業も参加してもらい原則3部門体制で実施することが効果的、効率的である。

第2章

中小企業再生支援のための税理士と金融機関の連携・交渉

1 税理士等と銀行員の隔たり

(1) 税理士・公認会計士と中小企業の太いパイプを銀行員は気付いていない

　税理士・公認会計士は、中小企業とほとんど1対1の関係にあり、地域密着の業務を長年続けています。また、財務・経理の専門家として簿記・会計のスキルを通して企業を把握していますので、種々の助言を行うことにも抵抗はありません。さらに、法人税確定申告という税務署に対する企業の情報開示資料の作成も毎年行っていますから、ある程度の知識の習得を行えば、金融機関に対する経営改善計画書や決算報告書などの情報開示資料の作成も、それほど難しいものではありません。税理士・公認会計士の事務所の職員の方々も、月次訪問時のデータ入力や法人税確定申告の付属資料の作成などで、中小企業に対する経営情報も多く把握しています。そして、事務所のパソコンなどには、その財務データは金融機関の情報の数十倍・数百倍が保存されています。

(2) 銀行員の税理士等に対する誤解

　にもかかわらず、多くの金融機関の貸出担当者は、その税理士・公認会計士の実態を知りませんし、やや言い過ぎかもしれませんが、知ろうともしません。時には、「税理士などは税金のことしか分かっていない」「彼らは節税のことしか知らない」また「彼らの中小企業への指導は粉飾ばかりだ」などと、全く根拠のない批判を述べることもあります。金融機関の行内の仲間同士やその上司に、このような軽口を述べる人がいるようです。そこで、私が、そのような発言をする貸出現場の担当者にその理由を聞きました。

　すると、「中小企業は十分な減価償却をしていない」「売掛金や在庫の

カサ上げばかりで、利益操作をしている」「法人税確定申告の数値と本部審査部の自己査定（資産査定）の数値は異なっている」と言い、「これは税理士などの指導によるものだ」と言っていました。貸出担当者の中には、法人税の申告に重点を置いた決算書と金融機関内部で行われている自己査定は、異なることを理解せず、まるで決算書の勘定科目の数値はひとつしかないと信じ込んでいるようでした。しかも、そのひとつの数値は本部の自己査定の数値であると、頑なに思い込んでいるようでした。これでは、税理士等の先生方が法人税の申告に重点を置いた決算書を作成した場合、金融機関の担当者から誤解を受けてしまいます。外部株主がいないオーナー中小企業の場合、決算の内容についてチェックを入れるのは、税務署だけという状況があまり意識されていないようでした。法人税法に沿った会計処理を行うこと、また、建設業界では、経審（経営事項審査）が少しでも良くなるような決算にすることが多いという現実を認識していないようです。多くの中小企業の決算書が、金融機関の自己査定の数値とは異なることが当然であることを気付いていないようです。このような決算書を見た銀行の担当者の一部は、本部・審査部から実態BSとの相違について質問を受けた場合、自分の正当性を本部等に印象付けたいと思うためか、税理士や公認会計士の先生の処理は、節税や粉飾であると決め付けたのかもしれません。

　また、税理士・公認会計士にその決算書の内容について聞いた時の回答が、貸出担当者として納得できなかったことによって、そのように決め付けたのかもしれません。あるいは、税理士などが、貸出担当者の問い合わせに答えてくれなかったのかもしれません。金融機関の内部では、中小企業の財務の弱さに対して、その数値を正しいものに指導することが、その担当者の役割と思われています。決算書の数値を自己査定の数値に変更すること、すなわち、提出された決算書の勘定科目の数値を修正することは、担当者の仕事ですから、その変更や修正をしないことは、担当者の責任になります。自分の職務怠慢をカモフラージュするためか、

一部の貸出担当者は、数値の齟齬は「税理士など専門家の指導が原因である」と上司や本部・審査部に言っているのかもしれません。最近の金融機関の中には、「専門家活用を図ること」という目標を掲げていますが、税理士等の活用が今一つ進まないのは、このような誤解が広がっているのかもしれません。

　一般に、金融機関のような大きな組織では、顧問税理士などの専門家はその担当者しか接触を持たず、融資のプロと言われる本部の審査部メンバーには会う機会がほとんどありません。そこで、税理士等に批判的な発言をする担当者の言動が、行内のコンセンサスになってしまうのかもしれません。

　このことは、税理士等にとっても金融機関にとっても、マイナスになることですから、最近の私の銀行員向けの研修では、「銀行の中には、確定申告BS（バランスシート）と実態BS、清算BSの3つの決算書があり、決してひとつの決算書だけではない。確定申告のBSは、中小企業の場合、法人税の申告に重点を置いて作成されている場合が多いので、一般的には、自己査定の決算書よりも純資産額が高くなっている。」と述べています。税理士などの先生としても、このような根拠のない誤解を受けないために、金融機関の担当者に、中小会計要領に沿ったBSや実態BSの提出をお勧めしています。私としては、中小企業に対するコンサルを行う場合、法人税確定申告の決算書から実態バランスシートへの修正プロセス表（116頁参照）を必ず付け、その数値について解説することにしています。

(3) 税理士等の金融機関貸出業務への学習振りを銀行員は知らない

　多くの税理士・公認会計士の先生は、既に顧問先や関与先に対して、経営相談や助言を行っています。また、金融機関が強く求める経営改善計画についても、かなりスキルアップや知識増強をしています。しかし、金融機関の多くの担当者は、顧問税理士などに対して、経営改善計画な

どを策定できず、また策定をしたとしてもその実効性について信頼できないと誤解をしているようです。銀行退職後15年以上に亘って、税理士などの先生に対し、銀行への情報開示や交渉の手法を伝授してきた私（中村　中）としては、この金融機関の担当者が税理士などの先生が銀行の貸出の知識を習得していることを知らないことを、大変残念に思っています。後述する「財務金融アドバイザーの通信講座」の修了者の税理士や公認会計士の先生はもちろん、その事務所の職員の方々は、5年程度の経験を積んだ金融機関の貸出担当者よりも融資の知識は高いレベルになっています。私は、三菱東京UFJ銀行に約30年間勤め、その間、全国銀行協会の担当もしており、退職後もバンクミーティングなどを通して、現在の金融機関の貸出担当者のスキル・レベルも理解していますし、税理士・公認会計士の方々や財務金融アドバイザー講座の修了者の融資に関する知識水準も理解しているつもりです。中小企業への経営相談・助言や情報開示の支援に関しては、税理士・公認会計士や財務金融アドバイザー講座の修了者は、既に、金融機関の担当者よりも高いレベルになっていると思います。

　金融機関の担当者は、2〜3年間で転勤がある上に、最近は、最終退行時刻（支店で業務を行え退出する最終時刻）で制限され、日常業務をこなすだけで融資の背景や取引先関連情報を収集する時間がなくなっています。投資信託などの業務範囲の拡大もあり、とても経営の相談・助言・指導などのコンサルティングのスキルや知識のアップはままなりません。中小企業担当先の増加によって、担当先の企業訪問の頻度も減少しています。その上に、2000年以降は金融機関に対する独占禁止法の制約が厳しく、他の金融機関（ほとんどの中小企業は複数行取引となっている）との情報交換もできず、従来では企業実態・動向の情報源であった他の金融機関からの情報収集もなかなか難しくなっています。

　このような実態からか、支店長や担当者は、本部・審査部から融資金額の上限や融資返済期間などの裁量枠が制限されています。貸出現場の

裁量権限が小さくなっていますので、中小企業が求める金融支援に対するタイムリーな回答もなかなか期待できなくなっています。特に、返済猶予先に正常な返済をつけることに対しては、支店長や担当者には、ほとんど裁量権限が与えられていないため、金融機関としては全く即断ができない状態です。

このような状況下、金融機関の本部は「外部専門家との連携を強化する」方針を出していますが、実際は、支店の貸出現場では、税理士等の金融機関の融資に関する知識やスキルアップの現状を理解できないせいか、その連携強化はスムーズには動いていません。

【補足】
　税理士・公認会計士の先生方の認識では、企業の決算書は1つしかないということが常識であり、複数の決算書がある場合こそ、粉飾であると思われるでしょう。ここで記載しています、3つの決算書というのは、本来の会社の確定決算書とそれをもとにした、企業の実態純資産額を算定するための決算書、清算価値を算定するための決算書ということです。
　実態純資産額というのは、一般に公正妥当と認められる会計の基準を適用し会計処理を行った場合に算定される純資産額であり、資産については回収可能性等により評価の検討などを行い、負債については、引当等の既に発生している債務を網羅的に計上するなどの処理が必要となります。具体的には、回収可能性のない売上債権や帳簿価額以上で売却が不可能と予測される在庫の評価減を行う、固定資産の減価償却を規則的に行う、既に発生している退職給付債務や賞与の引当を行うなどの処理が必要となります。既に中小企業の会計に関する指針を適用されている場合は、帳簿上の純資産額と実態純資産額が著しく乖離することは少ないと考えられます。清算価値というのは、調査時点で会社を清算した場合に債権者、株主に対する配当はどれくらいになるかを試算するものであり、資産については売却等による処分価値で評価を行い、負債については網羅的に計上するなどの処理が必要となります。

> 中小企業の場合は、会社の損益状況が良くない場合や繰越欠損金の期限切れが見込まれる場合は、固定資産の減価償却を一時的に行わない、滞留債権の引当や貸し倒れ処理を行わないということなどで決算調整を行うことがありますが、金融機関の担当者はこのような状態を粉飾と捉える場合があるということです。したがって、このような場合は、決算書の他に実態BSとその修正プロセス表を添付することにより、不要な疑いを避けることができます。

2 税理士と銀行員の相互理解の重要性

　話は、やや各論に入ってしまいましたが、中小企業をともに支援しようとする税理士・公認会計士・認定支援機関と金融機関の貸出担当者の間で、それぞれの業務内容や業界の仕来りを知らないために、このようなすれ違いが表面化してきています。税理士・公認会計士・認定支援機関としては、中小企業を支援するためには、中小企業と金融機関の円滑な取引関係を支援することを避けて通ることはできません。

　一方、金融機関としても、中小企業の再生支援や経営改善計画作成支援には、税理士・公認会計士・認定支援機関の知識・スキルに頼らざるを得ません。更には、金融機関として、中小企業取引の高度化・複雑化・専門化に対応するためにも、また精度の高い情報開示資料の提供を受けるためにも、税理士等の会計・財務の専門家の力を借りなければなりません。

　このように連携がうまく進んでいない現状について、私（中村中）は、大手地方銀行は既に各行300〜500社程度の返済計画未作成や正常返済未設定の先を内部に抱えているらしいと聞いていましたので、税理士・公認会計士・認定支援機関と金融機関は、絶対に連携を組まなければならないと思っていました。それが実現できないのは、相互に、何か

の「すれ違い」や「ねじれ現象」があるものと思い、数行の有力地方銀行の審査部の企画・総務部門を訪問し、以下のような質問をしました。

「税理士・公認会計士・認定支援機関は、地域創生として、地元の雇用を増加させ地域を活性化するために、金融機関が既に抱えていて地域に大きな影響力のある企業の再生案件を自分たちに提出されることを求めています。しかし、金融機関の支店を訪問し、案件の提出を依頼しても、出してもらえないようです。金融庁の公表数値から類推すれば、貴行にも返済の正常化が進んでいない先があると思います。貴行と税理士・公認会計士・認定支援機関と共同で、正常返済化に努めるほうが、中小企業にとって有難いことだと思います。内閣府や金融庁・中小企業庁の政策パッケージにおいても、中小企業支援ネットワークで金融機関や税理士・公認会計士の専門家との連携を進めています。税理士・公認会計士・認定支援機関が、金融機関と円滑な連携を行うには、税理士・公認会計士・認定支援機関が、どのように変わらなければならないと考えておられるのでしょうか」

これに対して、融資部の企画担当者は、ほぼ例外なしに、次の回答をしてくれました。

「当行としても、本部では専門家との連携の方針になっていますから、実は、こちらからも連携をお願いしたいのです。私どもとしては、数百件の正常返済未設定先のうち、約3分の1は一行先ないしは圧倒的シェア先ですから、自行のみのアドバイスなどで解決の目途は立っていますが、残りの約3分の2は複数行取引で、目下、手付かず状態にあります。これらの先を税理士等の先生と共同支援ができれば有難いのです。」

そこで、中村中から「中小企業に対する再生支援の意義は、金融機関も税理士・公認会計士・認定支援機関も同様ですね。ついては、金融機関が考えておられる税理士・公認会計士・認定支援機関との連携についての問題点を、ざっくばらんに教えていただけませんでしょうか。まずは、中村がその問題点を皆様からお聞きし、即答ができない場合は、税

理士・公認会計士・認定支援機関の勉強会メンバーと意見交換をして、それをまとめてから回答をいたします。必要ならば、貴行（金融機関）に機密保持契約も差し入れますが……。」と答えました。

【補足】
　金融円滑化法により返済猶予を受けた中小企業の金融機関への返済について、円滑化法は平成25年3月に失効したにも関わらず、未だに返済条件が決定されていない案件を金融機関は多数抱えています。これは、中小企業の借入が一行との間のものだけであれば、当該金融機関が比較的容易にその企業と調整の上、返済条件を決めることができるのですが、取引金融機関が複数行となると自行だけで決定することが難しい状況となります。従って、金融機関としてもこのような案件の処理は後回しになり、正常な返済が設定されず、また、企業にとっては新規融資を受けることが困難な状態で現状に至っています。

　そこで、金融機関の本部・審査部のメンバーが数年間抱えてる案件を、税理士・公認会計士・認定支援機関と連携して解決することを目指している審査部の企画統括のメンバー（第3章の図表3-1、138頁参照）と中村中が話し合うことになりました。この第2章においては、そのやり取りを「Q&A」として掲載しています。金融機関の本部・審査部のメンバーは、正に、「融資のプロ」といわれている方々ですので、この「Q&A」は、どうしても、専門的で複雑な内容になってしまう傾向にあります。ということで、目下、税理士・公認会計士の本来業務を行いながら認定支援機関として企業再生業務を行っている中村文子が、税理士・公認会計士の目線で補足説明を行っています。

3 金融機関本部メンバーとのQ&A

以下は、その本部・審査部の企画統括のメンバーと中村中の「Q&A」です。

Q-2-1 金融機関が求める税理士・公認会計士の見極め方

(本部・審査部の企画統括のメンバー):私ども金融機関としては、税理士などの先生のイメージは、必ずしも良いものではありません。支店の貸出担当者の意見としては、税理士の先生は、節税や時には脱税まがいのアドバイスは行うものの、とても企業の経営相談や助言などは行っていないと言っています。実際、何人かの先生から、経営改善計画を提出してもらいましたが、とても我々の本部・審査部には通用するものではありませんでした。確かに、数件は、しっかりした計画はありましたが、そのほうが例外であるようにも思いました。そこで、金融機関の本部などに通用する経営改善計画を作成できる税理士・公認会計士の先生の見極め方とその経営改善計画のプロトタイプ(試作品・原形)を教えていただけますか。私どもとしても、そのような先生方と連携を組みたいのです。

A-2-1 (中村中):税理士・公認会計士・認定支援機関としても、金融機関の求める情報開示資料の作り方や銀行等の内部の仕組みについて、ある程度の知識が必要であることは、よく分かります。そのために、既に1000人を超える修了者を出している「財務金融アドバイザー通信講座」の修了証を金融機関に提示することを検討しています。そのテキストは3分冊で、「金融機関の融資スキル・知識・考え方」と、「金融機関本部に通用する経営改善計画策定法」、また「金融機関が金融庁から要請されている経営コンサルティングのスキル・知識・考え方」の構成になっています。その内容につきましては、多くの金融機関の本部・審査部の方々から既にお墨付きをいただいております。詳

しくは、この通信講座の主催者である「一般社団法人資金調達支援センター」や「財務金融アドバイザー」のホームページをご覧いただきたいと思います。

　当然ながら、この通信講座の修了者以外でも、それ以上の実力の持ち主は税理士・公認会計士の中にはかなり居るものと思いますが、金融機関の内部申請（稟議など）で、経営改善計画策定の連携を結ぶ人材・機関には、何らかの証明証が必要になると思いまして、具体的な提案をさせていただきました。

　次に、経営改善計画のプロトタイプ（試作品・原形）をお示ししたいと思います。経営改善計画の成果物の目線を、中小企業庁がホームページで、平成25年12月13日に、「認定支援機関による経営改善計画策定支援事業の利用申請を受付けています」という題名で公表しました。その経営改善計画の目線は、サンプルAとサンプルBとなっていますが、地域金融機関の大手行である第一地方銀行の本部・審査部では、とても、このサンプルの内容では通用しないと思われます。そこで、このサンプルA（サンプルBよりも詳しい内容）に、補足資料を加えたものを、我々の勉強会メンバーでは検討し、追加資料をつけたものを提案したいと思っています。それは、後段で、ご説明しますが、兎に角、ここで申し上げた人材や機関が、中小企業庁の経営改善計画のサンプルAに、補足資料を加えたものを作成して、金融機関に提出したいと思います。これからご説明する経営改善計画の内容は実際に作成し提出する計画ですから、貴行との連携に関するご検討にお使いください。よろしくお願いします。

【補足】
　税理士の先生方は、税法や会計の専門家であっても金融機関について知識の習得をされる機会はなかなか無いと思います。「財務金融アドバイザー通信講座」は、経営改善計画策定に関する金融機関のしくみや計

画策定方法、コンサルティングに関する基本的な知識を一通り習得することが可能となる点で再生支援業務に携わられる先生方にとって有意義な内容です。多くの税理士の先生方が資格取得のために専門学校などの講座を受講されたのと同様に再生支援を行われる場合も、基本となる知識の習得は必要と思われます。また、税法や会計に関する知識が無くても理解できる内容ですので、会計事務所の職員や税理士以外の士業の方々の受講にも適しています。

馴染みのない部分もありますので、始めは難しく感じるかもしれませんが再生実務に携わられる前に学習され、実際の実務で疑問を感じる度にテキストに戻るという方法が効率的であると思います。

【ポイント】
金融機関の連携には、財務金融アドバイザーの認定を受けている等のレベルを保持し、中小企業庁のサンプルAに補足を加えた資料程度の計画書作成が必要と考えられる。

Q-2-2 損益状況改善への事業DDの検討について

(本部・審査部の企画統括のメンバー):どうしても外部の専門家にお願いしたいことがあります。それは、税理士・公認会計士・認定支援機関が提出される経営改善計画に事業DD(デューデリジェンス)の検討をしていただきたいのですが、可能でしょうか? 税理士などの先生方は、財務DDで財務面から種々の角度で経営実態や経営見通しを行われると思いますが、その企業の今後の収益動向は、どうしても外部環境や内部環境を踏まえた実態面の分析に基づいて把握しなければなりません。将来の財務内容を予想するためには、今後の損益状況、そこから生まれるキャッシュフロー、そして返済財源と毎年・毎月の返済金

額を割り出すには、その根拠になる事業内容を検討しなければなりません。金融機関の本部・審査部には、財務面のプロはおりますものの、この収益の見極めを行う事業DDを行える人材は、ほとんどいません。とはいっても、財務DDと結びついた事業DDでなければなりませんので、その点は、税理士・公認会計士にグリップをしてもらいたいのです。過去に、我々の金融機関から、直接、中小企業診断士の先生に事業DDを依頼したことがありましたが、どうも、財務DDとの整合性が取れず、経営改善計画書にまとめきれないために困ったことがありました。

A-2-2（中村中）：以前に、貴行が事業DDを依頼して、その中小企業診断士がどのくらいの期間を掛け、どの程度の内容の経営改善計画が提出したかということは想像できます。私も中小企業診断士ですから、中小企業診断士の強みと弱みは分かっているつもりです。中小企業診断士は、税理士の先生ほど地域密着性はありませんし、地域の情報・人間関係は濃くありませんので、地域における企業活動全体の鳥瞰的な見方は劣ると思います。しかし、企業関連の業種や業務について深彫りはできますし、地元企業や地域に拘束されず景況感や業界について自由な発想はできると思います。中小企業診断士などのコンサルタントは、税理士・公認会計士さんと組むことによって、その強みがアップし、弱点が補強され、その相乗効果は大きいと思います。皆様方は、金融機関の本部のメンバーですから、支店ほど地域の情報はないと思いますが、全体感や鳥瞰的な見方ができることが強みですね。このような相互補完は、皆様には有難いことと思います。

アベノミクスでは、地域の横割り機能の種々の機関が相互補完することを「伴走支援プラットホーム」と言い、平成24年4月公表の政策パッケージでは「中小企業支援ネットワーク」と言っていますが、この中小企業支援を地域のいろいろな組織や機関で独自に実施する一方、相乗効果を高めることは大切ですよね。したがって、金融機関が求める事業DDは、税理士・公認会計士の先生が財務DDの目線で、

具体的に中小企業診断士などのコンサルタントに材料費・最近の業況分析・商品別売上分析などと、絞り込んだ事業DDのテーマを与えることがポイントになると思います。そして、その報告書・成果物をもう一度、チェックを行って、税理士・公認会計士の先生が経営改善計画にまとめることが大切だと思います。実際、中小企業再生支援協議会も税理士・公認会計士と中小企業診断士などがチームを組んで案件対応を行っていますが、そのまとめ役として、マネージャーポストのメンバーがおり、統合の役割を演じています。すなわち、金融機関が求める事業DDは、財務DDの検討後に抽出された事業分野のDDのテーマを中小企業診断士などのコンサルタントに深堀りしてもらうことが効果的であり、その後に、もう一度、財務DDの情報を持った税理士・公認会計士の先生などが統合をすることが理想だと思います。

実際、中村中が代表をしているコンサルティング会社の㈱ファインビットでも、大手コンサルティングファームの行った事業DDと大手監査法人が行った財務DDを、金融機関の取締役会に提出するために、「一つの経営改善計画書にまとめてください」という依頼をお受けしたことがありました。財務DDとリンクしない事業DDは、金融機関の本部・審査部には通用しないものであり、特にその取締役会に上程するときなどは、財務DD・事業DDのプロセスから導き出される結論を統合して、簡単な表現でまとめ、アクションプランまで落とし込まなければなりません。そのようなことから、金融機関としては、税理士・公認会計士の先生方に、自分達の経営改善計画書が、金融機関の本部・審査部ばかりではなく、金融機関の取締役会や理事会にも上程されることを想定して作成してもらいたいと思われています。

我々の勉強会メンバーでは、財務DDを金融機関とともに十分検討した後に、事業DDの内容を絞り込んで、自らのルートで中小企業診断士など(含むコンサルタント)を選定して、事業DDを依頼します。そして、その事業DDの報告書・成果物を受け取り、財務DDと合算した経営改

善計画書を作成して、具体的なアクションプランにまで、落とし込んで金融機関に提出するつもりです。幸い、中小企業診断士の集団も各地で税理士などと交流が始まっていますので、いろいろなニーズの事業DDに対応できます。どこの金融機関としても、事業DDは未知の分野であり、事業DDと財務DDを合算した経営改善計画書の提出は、お役に立つと思います。このアクションプランがあれば、金融機関として、経営改善計画書作成後のモニタリング（中間管理）もスムーズにできるものと思います。

【ポイント】
経営改善計画策定には事業DDは不可欠であるが、財務DDとの整合性が必要であるため、税理士等がとりまとめを行う体制が必要である。

Q-2-3 企業内部に入り込んだモニタリングについて
（本部・審査部の企画統括のメンバー）：モニタリングのお話になりましたが、実は金融機関の本部・審査部として、このモニタリングが一番頭を痛めていることなのです。経営改善計画を承認したものの、その計画を実行して数ヶ月も経たないうちに、実績と計画が乖離してしまうことがあります。このときは、計画に近づけるように企業に頑張ってもらいますが、なかなか実績が計画に及ばなかったり、その未達の原因が分からないことが多々あります。予実乖離が長く続くときは、ローリングプランや修正計画を作成してもらいますが、その時は、また、計画策定プロセスを一から始めるということになって、時間ばかりが掛かってしまいます。私どもとしては、多くの経営改善計画を扱っていますので、計画未達を想定した対策も作っておかなければなりません。この点については、顧客に密着している税理士先生がいらっしゃることが大変有難いことですが、モニタリングの全てをお任せするわ

けにも行かず、金融機関として、どのように動けばよいのでしょうか。

A-2-3（中村中）：そうですね。税理士・公認会計士の先生は、過去も未来も取引先に寄り添いますから、モニタリングについては確かに有難い存在ですね。しかし、経営改善計画は、もともと、モニタリングを意識して策定するものです。経営改善計画は、今後5年から10年、更には15年、それ以上と、その企業の事業方針計画を遂行するためには、過去や現在の企業組織や体制は通用しないものになってしまいます。経営改善計画策定については、業種転換・M&Aなどと言わないまでも、「選択と集中」のプロセスは必ず通りますから、従来の企業組織・体制ではうまくワークしません。したがって、経営改善計画を策定するときは、その企業の組織や体制の変更は必須事項と言えます。

また、計画を実施に移せば予実乖離は当然起こりますから、そのときの行動パターンも想定しておくことが大切です。売上に大きな落ち込みがあったとき、どの部署の落ち込みが原因であったか、その落ち込みは部署独自に回復できるのか、全社ベースの問題か、売上に関わるコストの動きは如何か、など、いくつかの予想される問題点とその対策について検討を行い、それを新組織・体制の部署のセグメント計画まで作成しておけば、予実乖離などにはスムーズな対応ができると思います。セグメント計画があれば、モニタリングで生じた課題について各部署で自動的に具体的な対策を講じることができると思います。

したがって、モニタリングは、経営改善計画の作成プロセスにおいて想定し、新組織・体制の変更とその部署にあったセグメント計画を策定しておくべきです。

金融機関としては、中小企業に長期貸出がある以上は、経営改善計画とそのモニタリングまで十分にフォローしなければなりません。そのためには、中小企業に寄り添う税理士・公認会計士の先生と連携を組む必要がありますが、先生ばかりではなく、その事務所の職員の方々の動きまで把握しておかなければなりません。一般的にはあまり知ら

れていませんが、自由業者で多くの従業員やスタッフを抱えているのは、医者と税理士といわれています。金融機関の担当者としては、経営改善計画の策定時には、経営改善計画のモニタリングが、税理士・公認会計士事務所でどのような実行体制で行われていくかを、確認しておく必要があります。経営改善計画提出後に、その事務所の先生自身または職員が、税務業務の月次訪問（巡回指導）の時に、「経営改善計画・セグメント計画の実績動向をいかにチェックし、進捗状況・持続可能状況を検証しているか」などを、しっかりフォローしておくことがポイントになります。

　我々の勉強会メンバーでは、全体計画遂行のために、企業の内部に踏み込んで、持続可能な組織・体制の構築・変更を行い、部門別・製品別または商品別にセグメント計画を作成し、その進捗状況を見極めることをひとつのパターンと考えています。その内容については、経営改善計画のサンプルＡの様式に加えて、企業組織の図表とセグメント計画を金融機関に提出することにしています。

　そのためにも、税理士などの事務所の職員にも、「財務金融アドバイザー通信講座」の習得を徹底しています。

【補足】
　経営改善計画策定支援業務は、財務DD、事業DD、計画の策定、計画の実行、モニタリングというプロセスに大きく区分できます。これらのプロセスを1人の税理士・公認会計士の先生で実施されるより、3〜4人程度のチームを組んで実行されることが効率かつ効果的です。リーダー役として全体のとりまとめを行う税理士の先生は、経営者と意見交換し、計画の方針などの大枠を検討する、経営者に同行し金融機関と打ち合わせを行う、全体のチェックやスケジュール管理を行います。他の税理士または、職員のメンバー1〜2人は、現場担当として、従業員の方から会社の状況を伺い、資料の作成、モニタリング業務などを行うと

いう役割になります。残りの1人の中小企業診断士、または税理士、職員の方がリーダー役の税理士の先生の指示にもとづいて事業DDを実施しフォローもするという体制が一般的と考えられます。

特にここで記載しているモニタリングについては、策定された計画に基づいて会社が実行した結果を定期的にチェックする業務ですので、顧問先であれば職員が実施する月次訪問と合わせて実行することが効率的になります。

また、1人で業務を行っておられる先生は、他の先生方と提携しチームを組んでいただくことが適当と思います。また、計画策定の経験のない先生はまずは現場担当としてリーダー役の税理士の先生のチームに参加して実務経験を積まれることをお勧めします。

【ポイント】
モニタリングを前提とした経営改善計画を策定し、モニタリングが有効に実施できるように担当者のスキルに関しても留意が必要である。

Q-2-4 相互の目線を共有する中小企業庁のサンプルA
(本部・審査部の企画統括のメンバー)：我々の質問に対して、その概要のご説明はよく分かりました。しかし、経営改善計画については決算報告書と違って、まだ我々銀行員にも具体的なイメージや目線ができていません。そこで、中小企業庁のサンプルAに沿って税理士・公認会計士・認定支援機関の先生の見極め方やその先生に対し、お願いすれば受けていただける内容について教えてください。

A-2-4 (中村中)：それでは、そのサンプルAの経営改善計画書に沿って、解説をしていくことにいたしましょう。

(1) 表 紙

【解説】　まず、項目の表紙を見てください。表紙など形式的なものを大

第2章　中小企業再生支援のための税理士と金融機関の連携・交渉

```
経営改善計画書のサンプル【原則版】                                事例サンプルA

                        経営改善計画書
              「中小企業の新たな事業活動の促進に関する法律」に基づく経営革新等支援機関
              による経営改善計画策定支援
                        平成○年○月○日

                    甲株式会社
                    代表取締役社長●●

                              【留意事項】
                              本経営改善計画書の雛形はあくまでもサンプルであり、地域における金融
                              環境、企業の状況に応じて適宜変更されることを想定しています。

                              ※本資料は、認定支援機関向け経営改善・事業再生研修【実践力向上編】（株
                              式会社きんざい）の事例をベースに作成をしています。
```

げさにつける必要はないと思われるかもしれませんが、この経営改善計画書は、企業や経営者と一切面識のない金融機関の本部・審査部や役員も見るものです。多くの案件を処理する本部メンバーにとっては、この表紙の内容と装丁によって当該企業のイメージを出してから、本論の細かい内容を読み込むという習慣があります。多くの案件に関する計数を読み取る作業を行う本部のメンバーは、その計数を見る前に、頭の中にその案件のイメージの計数を思い浮かべて、おもむろに実際に書かれた数値を見て案件を処理するのです。この表紙は、企業イメージを本部のメンバーに持ってもらうものであり、したがって、この表紙は企業名と日付を明記し、しっかりした装丁をすることが必要でもあるのです。

　また、この計画書はバンクミーティングの主要資料にもなります。複数行とのバンクミーティングにおいては、全ての銀行に同一の計画書を提出することがポイントになります。金融機関調整のためには、情報の偏在がないという公平性が重要であり、その前提により各金融機関からの協力が得られます。バンクミーティングは全ての銀行を対象に、同じ場所、

同じ時間に行われますが、そのメインテーマである計画書の説明において、各金融機関に、同一の資料（経営改善計画書）が配られ、本部にも同一の計画書が届くことが必要です。そのバンクミーティングの参加者や支店の担当者が改竄や修正を行ったもの、また補足説明の資料をその計画書の内部に加えたものは、協調融資の他行と同一の資料ではありませんから、本部のメンバーとしては、歓迎しません。そのためにも、この

経営改善計画書のサンプル【原則版】

《債務者概況表》

事業者	甲株式会社				
連絡先	●●●-●●●-●●●●	住所	××県△△市●●		
業種	製造業	設立年月日	昭和52年1月25日	年商	322 百万円
事業内容	自動車部品	代表者	●●	年齢	60 歳
資本金	10百万円　従業員数　25名	金融機関 ① A銀行　② B銀行　③ C信金　④			

①対象先・概要

事業内容・沿革
昭和52年1月　××県△△市にて創業
平成23年12月　××県△△市に新工場取得

株主構成：
	名前	株数	関係
	●●	3,500	社長
	●●	1,200	長女
	●●	300	長男
計		5,000	

役員構成：
名前	役職
●●	代取
●●	取締役
●●	取締役

②財務内容及び問題点

平成24年9月期　単位：百万円

資産の部	決算	修正	実質	負債の部	決算	修正	実質
現預金	39		39	支払債務	5		5
売上債権	19	▲1	18	短期借入金	21		21
棚卸資産	1		1	その他	28		28
その他	10		10	流動負債計	53	0	53
流動資産計	69	▲1	68	長期借入金	340		340
土地	118	▲7	111	その他	3		3
建物（附属含）	118	▲7	111				0
その他	48		48				
有形固定資産	284	▲14	270	固定負債計	344	0	344
無形固定資産	0	0	0	負債合計	397	0	397
会員権	0		0	資本の部	決算	修正	実質
投資有価証券	1		1	資本金	10		10
その他	71	▲2	70	その他	18	▲16	2
投資等	72	▲2	70				0
固定資産計	356	▲15	341	自己資本	28	▲16	12
資産合計	425	▲16	409	負債・資本合計	425	▲16	409

【資産査定】
滞留売掛金▲1、旧工場の含み損▲14、保険積立金の含み損▲2

【財務上の問題点】
平成23年9月に約弁正常化も足元の資金繰り厳しい。

③業績推移等

(単位：千円)	22年9月期 (実績)	23年9月期 (実績)	24年9月期 (実績)	25年9月期 (見込)
売上高	222	350	322	138
営業利益	21	39	▲27	▲35
経常利益	35	45	▲23	▲26
当期利益	35	33	▲23	▲26
減価償却	14	28	37	28
決算上自己資本	19	52	28	2
修正			▲16	▲16
実質自己資本			12	▲14
中小企業特性			5	5
特性反映後実質自己資本			17	▲9
金融機関からの借入金	240	238	361	340

【分析結果】
平成24年3月の尖閣諸島問題に端を発する中国での日本車不買運動による受注減で赤字傾向となり、平成25年9月期には実質債務超過となる見込。

収益弁済原資　14百万円
債務超過解消年数　5年 (中小企業特性反映後ベース)
債務償還年数　26年 (借入金361÷収益弁済原資14＝26年)

102

経営改善計画書はしっかりした装丁を行い、改竄・修正・補足説明などの余地を残さないことがポイントになります。もしも、補足説明を行うときは、金融機関の支店担当者や参加者には別添の資料にするべきです。

(2) 債務者概況表

【解説】 この債務者概況表は、債務者企業（申請者）の基本情報、事業

認定支援機関作成支援⇒社長検証

<table>
<tr><th colspan="2"></th><th>金融機関名</th><th>22年9月期
（実績）</th><th>シェア</th><th>23年9月期
（実績）</th><th>シェア</th><th>24年9月期
（実績）</th><th>シェア</th></tr>
<tr><td rowspan="10">④</td><td rowspan="10">銀行取引状況</td><td>A銀行</td><td>195</td><td>81.1%</td><td>192</td><td>80.9%</td><td>274</td><td>76.0%</td></tr>
<tr><td>B銀行</td><td>45</td><td>18.9%</td><td>45</td><td>19.1%</td><td>39</td><td>10.8%</td></tr>
<tr><td>C信金</td><td>0</td><td>0.0%</td><td>0</td><td>0.0%</td><td>48</td><td>13.2%</td></tr>
<tr><td></td><td></td><td></td><td></td><td></td><td></td><td></td></tr>
<tr><td></td><td></td><td></td><td></td><td></td><td></td><td></td></tr>
<tr><td></td><td></td><td></td><td></td><td></td><td></td><td></td></tr>
<tr><td></td><td></td><td></td><td></td><td></td><td></td><td></td></tr>
<tr><td></td><td></td><td></td><td></td><td></td><td></td><td></td></tr>
<tr><td></td><td></td><td></td><td></td><td></td><td></td><td></td></tr>
<tr><td>合計</td><td>240</td><td>100.0%</td><td>238</td><td>100.0%</td><td>361</td><td>100.0%</td></tr>
</table>

⑤ 現状と認識課題
　・平成24年3月の尖閣諸島問題に端を発する中国での日本車不買運動により、受注が大幅に減少。
　・営業体制強化による売上拡大が課題。
　・平成24年9月期に17名の人員削減を実施済みであるが、更なる経費削減が課題。
　・旧工場について可能な限り早期に処分し担保権者に弁済することが課題。

⑥ 経営改善計画策定方針
　・営業体制強化による売上高の拡大
　・経費削減（役員報酬、人件費、消耗品費等）
　・旧工場の処分

サンプルフォームは見やすくするため、適宜拡大してあります（以下同じ）。

および財務内容、金融機関取引状況など、現状認識や課題整理などをまとめたものであり、企業の概況を把握するためのサマリー情報として有用な一覧表です。

　財務調査や経営改善計画策定方針の決定後にその要約として作成するものであり、この債務者概況表を確認することによって、経営改善計画の全体像が把握できます。しかし、税理士・公認会計士・認定支援機関は原則として、毎月、月次訪問（巡回指導）などを行うために、顧問先企業を訪問し、銀行の数十倍にも及ぶ会計等の情報を取っています。この《債務者概況表》の各項目は銀行とは別の視点からの情報を把握しています。債務者の了解の下、提出してもらえます。

　さらに、サンプルAの項目だけでは不十分と考えられる点について、以下に、(3)「会社概要」(4)「過去の業績推移」(5)「金融機関取引状況」を付加しましたが、この程度の情報を提示できる税理士・公認会計士・認定支援機関が金融機関の本部・審査部と協業できるものと思われます。

　なお、この(3)「会社概要」(4)「過去の業績推移」(5)「金融機関取引状況」の内容は、平成27年1月に出版された「経営改善計画の合意と実践の第一歩『バンクミーティング』事例集」（中村中・久保田博三・渡邊賢司編著、TKC出版）の第5事例の山田工業株式会社から引用しました。

(3)　会社概要

　ここでは「山田工業株式会社」として詳細な「会社概要」を示しています。《債務者概況表》「①対象先概要」の詳細の情報提供となります。

　商　　　号：山田工業株式会社
　所　在　地：和歌山県橋本市○○-6
　代表者名：山田市朗
　資　本　金：2,000万円
　創　　　業：昭和25年4月

従業員数：30名

事業概要：木製画材製造メーカーとして絵画用キャンバス画枠を中心に張キャンバス、洋画額縁、画架、日本画・デザイン用パネル、写真額等を製造。
　　　　　また、額縁製品を組み上げるための様々な機械の開発・販売を行い、国内約300店に展開している。
　　　　　現在までに、特許権、実用新案権を10件以上取得している。

主要製品：画材……張キャンバス用木枠、張キャンバス、木製パネル
　　　　　額縁……モールディング、フレーム、フリーフレーム
　　　　　機械……額縁用工作機械
　　　　　DIY……イーゼル etc
　　　　　資材……輸入

役員構成：

役　職	氏　名
代表取締役社長	山田　市朗
常務取締役	山田　太郎
取締役	清水　光太郎

株主構成：

氏　名	株式数	持株比率
山田　市朗（社長）	5620	28.1%
山田　芳子（義理の妹）	5280	26.4%
山田　初子（母）	8360	41.8%
山田　太郎	380	1.9%
山田　敏子（妻）	360	1.8%
合　計	20,000	100.0%

⑷ 過去の業績推移

① 貸借対照表

			H15年度	H16年度	H17年度	H18年度
流動資産			467,054,325	498,150,265	466,662,573	449,381,293
	現金預金		118,938,499	111,515,748	116,569,905	105,953,827
	受取手形		0	15,800,910	0	8,351,451
	売掛金		99,072,452	105,695,889	114,557,115	120,079,484
	商品		69,063,251	101,117,187	99,410,301	66,483,131
	製品		99,664,503	85,144,199	66,537,968	67,214,586
	原材料		68,366,646	62,658,059	48,824,885	52,967,456
	貯蔵品		853,500	853,500	853,500	853,500
	前渡金		2,790,189	7,951,776	1,293,144	2,637,666
	前払費用		80,265	448,869	1,260,849	2,072,937
	短期貸付金		5,531,370	3,750,000	3,750,000	12,285,000
	仮払金		2,380,500	2,380,500	24,338,907	24,096,257
	未収入金		2,413,151	2,404,580	0	0
	仮払消費税等		0	454,050	0	0
	貸倒引当金		-2,100,000	-2,025,000	-10,734,000	-13,614,000
固定資産			372,561,063	393,390,545	386,864,741	385,680,314
	有形固定資産		275,332,055	298,164,528	285,459,909	272,047,667
		建物	111,922,529	132,285,338	124,931,702	117,982,865
		建物付属設備	5,090,418	4,386,947	5,488,478	4,726,892
		構築物	442,794	427,019	415,119	408,935
		機械装置	25,275,686	25,556,760	22,919,622	19,608,266
		車両運搬具	4,202,549	2,949,066	2,231,408	1,768,412
		工具器具備品	5,293,794	9,455,114	6,369,296	4,448,013
		土地	123,104,286	123,104,286	123,104,286	123,104,286
	無形固定資産		3,434,495	3,434,495	3,434,495	3,434,495
		借地権	812,250	812,250	812,250	812,250
		電話加入権	693,680	693,680	693,680	693,680
		ソフトウェア	0	0	0	0
		特許権	1,928,565	1,928,565	1,928,565	1,928,565
	投資等		93,794,514	91,791,522	97,970,337	110,198,153
		出資金	15,598,800	15,598,800	15,598,800	15,598,800
		企業共済	78,195,714	76,192,722	82,371,537	78,774,792
		保証金	0	0	0	534,963
		長期前払費用	0	0	0	15,289,598
繰延資産			3,550,757	2,212,964	920,924	426,000
	権利金		426,000	426,000	426,000	426,000
	繰延資産		3,124,757	1,786,964	494,924	0
資産の部合計			843,166,144	893,753,773	854,448,237	835,487,607

第2章　中小企業再生支援のための税理士と金融機関の連携・交渉

H19年度	H20年度	H21年度	H22年度	H23年度	H24年度
445,393,514	490,208,229	471,467,571	462,930,644	467,565,837	442,876,781
100,006,289	86,091,882	81,402,041	31,334,553	45,640,683	37,748,847
1,875,000	196,409	0	7,348,722	0	0
107,133,668	99,566,759	107,220,759	94,851,549	100,881,293	96,633,144
60,011,057	52,512,351	57,898,388	55,726,163	59,014,832	61,001,424
48,706,139	52,609,896	41,670,789	35,934,539	43,298,963	45,464,498
40,014,167	76,989,117	56,490,410	91,873,434	101,112,516	84,375,986
853,500	853,500	853,500	853,500	853,500	5,459,361
1,997,666	9,256,494	5,501,591	577,574	6,391,575	2,220,462
3,596,712	5,802,240	7,044,915	9,026,783	10,152,590	11,160,023
11,310,000	10,410,000	9,510,000	12,157,350	10,432,350	8,632,350
71,614,319	97,354,632	122,347,448	135,474,828	90,645,687	91,230,687
0	0	0	0	0	0
0	259,950	0	1,843,350	341,850	0
-1,725,000	-1,695,000	-18,472,268	-14,071,700	-1,200,000	-1,050,000
374,075,501	372,807,948	369,226,698	367,409,832	342,856,821	363,416,208
264,483,722	259,161,272	247,089,801	247,563,816	245,551,499	264,899,423
113,090,636	99,691,254	94,097,708	96,955,427	91,657,196	86,601,716
4,101,641	3,328,326	2,835,114	2,401,706	3,101,783	3,678,116
408,935	2,503,242	1,987,802	1,576,997	2,363,174	1,822,979
17,059,487	26,317,896	21,512,609	18,589,659	20,693,756	42,669,518
3,512,793	2,330,241	1,568,031	1,070,271	377,529	235,103
3,205,946	1,886,027	1,984,253	3,865,472	4,253,777	6,787,707
123,104,286	123,104,286	123,104,286	123,104,286	123,104,286	123,104,286
3,434,495	3,434,495	4,333,217	4,140,635	3,948,053	3,755,471
812,250	812,250	812,250	812,250	812,250	812,250
693,680	693,680	693,680	693,680	693,680	693,680
0	0	898,722	706,140	513,558	320,976
1,928,565	1,928,565	1,928,565	1,928,565	1,928,565	1,928,565
106,157,285	110,212,182	117,803,681	115,705,382	93,357,270	94,761,315
17,098,800	17,098,800	15,325,800	15,325,800	15,325,800	15,325,800
74,734,251	79,901,513	77,780,657	77,460,164	58,608,609	61,421,244
147,000	147,000	147,000	147,000	2,397,000	2,397,000
14,177,234	13,064,870	24,550,224	22,772,418	17,025,861	15,617,271
426,000	426,000	426,000	426,000	426,000	426,000
426,000	426,000	426,000	426,000	426,000	426,000
0	0	0	0	0	0
819,895,014	863,442,177	841,120,269	830,766,476	810,848,658	806,718,989

			H15年度	H16年度	H17年度	H18年度
	流動負債		423,448,823	412,267,295	337,048,144	299,729,591
		支払手形	121,352,025	136,255,060	113,453,379	104,885,676
		買掛金	19,287,758	16,186,524	15,592,857	10,369,506
		仮受金	0	0	0	0
		仮受消費税等	5,326,050	0	5,014,050	4,736,250
		短期借入金	201,100,000	201,100,000	157,750,000	138,850,000
		未払金	71,761,134	56,242,377	43,178,658	37,885,020
		未払費用	0	0	0	0
		前受金	0	0	0	92
		預り金	2,627,307	1,238,334	1,309,200	1,278,048
		法人税等充当金	44,550	645,000	750,000	1,725,000
		退職給付引当金				
		賞与引当金	1,950,000	600,000	0	0
	固定負債		376,515,567	447,522,552	481,923,993	498,594,819
		長期借入金	343,208,500	380,780,500	405,922,000	428,183,500
		役員借入金	33,307,067	66,742,052	76,001,993	70,411,319
負債の部合計			799,964,390	859,789,847	818,972,136	798,324,410
	資本金		20,000,000	20,000,000	20,000,000	20,000,000
	利益剰余金		23,201,755	13,963,927	15,476,101	17,163,197
		利益準備金	6,000,000	6,000,000	6,000,000	6,000,000
		その他利益剰余金	17,201,755	7,963,927	9,476,101	11,163,197
		別途積立金	5,000,000	5,000,000	5,000,000	5,000,000
		繰越利益剰余金	12,201,755	2,963,927	4,476,101	6,163,197
純資産の部合計			43,201,755	33,963,927	35,476,101	37,163,197
負債・資本の部合計			843,166,144	893,753,773	854,448,237	835,487,607

H19年度	H20年度	H21年度	H22年度	H23年度	H24年度
287,777,300	346,265,824	300,937,331	214,070,671	222,569,796	176,646,044
82,723,065	75,674,056	37,657,030	50,175,565	30,026,794	13,182,427
4,128,165	17,184,291	13,670,247	3,790,656	11,825,469	6,141,741
0	0	16,649	0	0	0
3,407,550	0	4,605,150	0	0	5,107,950
151,300,000	206,800,000	200,200,000	126,700,000	106,850,000	94,250,000
42,877,335	37,598,799	34,612,337	33,035,300	71,903,003	57,398,501
0	5,272,164	0	0	0	0
0	0	9,954,257	0	0	0
2,441,186	2,986,514	221,663	369,150	989,531	545,625
900,000	750,000	0	0	975,000	19,800
0	0	0	0	0	0
492,272,745	476,420,321	499,200,509	575,150,267	544,154,543	597,757,027
435,530,500	452,584,000	469,739,500	517,505,500	530,246,000	589,133,000
56,742,245	23,836,321	29,461,009	57,644,767	13,908,543	8,624,027
780,050,045	822,686,144	800,137,840	789,220,937	766,724,339	774,403,070
20,000,000	20,000,000	20,000,000	20,000,000	20,000,000	20,000,000
19,844,969	20,756,033	20,982,430	21,545,539	24,124,319	12,315,919
6,000,000	6,000,000	6,000,000	6,000,000	6,000,000	6,000,000
13,844,969	14,756,033	14,982,430	15,545,539	18,124,319	6,315,919
5,000,000	5,000,000	5,000,000	5,000,000	5,000,000	5,000,000
8,844,969	9,756,033	9,982,430	10,545,539	13,124,319	1,315,919
39,844,969	40,756,033	40,982,430	41,545,539	44,124,319	32,315,919
819,895,014	863,442,177	841,120,269	830,766,476	810,848,658	806,718,989

② 損益計算書

	H15年度	H16年度	H17年度	H18年度
純売上高	888,553,262	842,522,961	772,737,110	753,203,183
売上高	901,013,583	855,390,806	780,862,065	758,739,678
売上値引戻り高	-12,460,322	-12,867,845	-8,124,956	-5,536,496
売上原価	661,021,359	622,446,203	548,107,652	558,161,106
期首棚卸高	156,484,199	168,727,754	186,261,386	165,948,269
商品仕入高	135,666,933	124,095,927	66,483,549	61,888,913
仕入値引戻し高	0	0	0	501,396
当期製品製造原価	537,597,981	515,883,908	461,310,986	463,520,246
合計	829,749,113	808,707,588	714,055,920	691,858,823
期末棚卸高	168,727,754	186,261,386	165,948,269	133,697,717
売上総利益	227,531,903	220,076,759	224,629,458	195,042,077
販売費及び一般管理費	203,403,365	197,946,354	200,513,261	184,786,295
営業利益	24,128,538	22,130,405	24,116,198	10,255,782
営業外収益	17,570,700	3,921,852	2,936,280	10,976,328
受取利息割引料	318,216	86,097	61,170	207,476
受取配当金	44,754	45,843	38,517	30,006
雑収入	17,207,730	3,789,912	2,836,593	10,738,847
営業外費用	32,477,870	24,209,585	15,226,848	13,534,706
支払利息	18,390,971	16,902,846	13,861,548	10,724,228
手形売却損	0	0	0	2,196,014
貸倒償却	0	0	0	75,000
繰延資産償却	1,541,040	1,337,793	1,292,040	494,924
雑損失	12,545,859	5,968,946	73,260	44,541
経常利益	9,221,369	1,842,672	11,825,630	7,697,405
特別利益	2,700,000	1,425,000	750,000	0
貸倒引当金戻入	300,000	75,000	150,000	0
賞与引当金戻入	2,400,000	1,350,000	600,000	0
前期損益修正益	0	0	0	0
特別損失	0	0	9,651,056	0
貸倒引当金繰入	0	0	0	2,805,000
貸倒損失	0	0	9,651,056	0
特別償却	0	0	0	0
固定資産処分損	0	0	0	0
役員退職金	0	0	0	0
前期損益修正損	0	0	0	0
税引前当期利益	11,921,369	3,267,672	2,924,574	7,697,405
法人税等充当額	1,824,450	1,293,000	1,412,400	2,558,100
当期利益	10,096,919	1,974,672	1,512,174	5,139,305
前期繰越利益	2,104,836	989,255	2,963,927	2,826,101
当期未処分利益	12,201,755	2,963,927	4,476,101	7,965,405

H19年度	H20年度	H21年度	H22年度	H23年度	H24年度
685,027,040	699,253,004	617,468,640	558,098,844	510,396,207	516,844,454
688,059,080	705,284,655	622,931,844	561,060,701	515,601,042	521,352,458
-3,032,040	-6,031,652	-5,463,204	-2,961,857	-5,204,835	-4,508,004
491,608,866	487,045,587	437,697,336	415,201,935	414,491,871	388,857,272
133,697,717	108,717,195	105,122,247	99,569,177	91,660,701	102,313,794
68,354,957	64,429,280	54,798,173	53,550,042	39,365,732	36,791,181
0	608	40,676	0	1,934	0
398,273,388	419,020,752	377,305,418	353,743,418	385,777,299	356,218,218
600,326,061	592,167,834	537,266,513	506,862,636	516,805,665	495,323,193
108,717,195	105,122,247	99,569,177	91,660,701	102,313,794	106,465,922
193,418,174	212,207,417	179,771,304	142,896,909	95,904,336	127,987,182
166,685,216	179,596,848	157,426,889	125,616,458	140,689,547	125,172,072
26,732,958	32,610,569	22,344,416	17,280,452	-44,785,211	2,815,110
2,308,980	1,035,396	19,733,190	1,543,692	139,901,397	9,861,257
58,695	240,998	516,227	481,013	238,355	128,475
30,006	30,006	30,006	30,006	30,006	30,006
2,220,279	764,393	19,186,958	1,032,674	139,633,037	9,702,776
15,286,440	15,009,888	23,738,243	21,576,353	23,816,322	23,957,967
12,493,757	12,869,747	16,083,918	17,059,547	18,938,873	20,768,372
1,854,206	2,140,142	2,070,254	1,429,056	1,125,350	895,868
0	0	0	0	0	0
0	0	0	0	0	0
938,478	0	5,584,071	3,087,750	3,752,100	2,293,728
13,755,498	18,636,077	18,339,363	-2,752,209	71,299,865	-11,281,601
11,889,000	30,000	285,000	4,400,568	75,000	150,000
11,889,000	30,000	285,000	4,400,568	75,000	150,000
0	0	0	0	0	0
0	472,950	0	0	0	0
20,641,926	16,247,528	17,062,268	0	67,425,651	0
0	0	0	0	0	0
20,627,373	0	17,062,268	0	8,788,965	0
0	6,615,000	0	0	2,664,000	0
0	9,632,528	0	0	472,686	0
0	0	0	0	55,500,000	0
14,553	0	0	0	0	0
5,002,572	2,418,549	1,562,096	1,648,359	3,949,214	-11,131,601
2,320,800	1,981,650	1,417,050	1,085,250	1,374,300	676,800
2,681,772	436,899	145,046	563,109	2,574,914	-11,808,401
0	0	0	0	0	0
2,681,772	436,899	145,046	563,109	2,574,914	-11,808,401

③ 販売費及び一般管理費の明細

	H15年度	H16年度	H17年度	H18年度
販売費及び一般管理費	203,403,365	197,946,354	200,513,261	184,786,295
広告宣伝費	2,532,579	1,785,282	1,988,793	1,120,485
荷造運賃	44,357,363	43,548,780	0	0
容器包装費	0	0	2,098,187	14,789,781
発送配達費	0	0	37,671,093	20,839,167
役員報酬	55,080,000	69,120,000	70,770,000	66,060,000
給料手当	17,250,116	14,687,156	8,612,724	11,997,912
従業員賞与	0	0	2,175,000	1,320,000
法定福利費	12,955,646	10,515,741	9,652,535	10,537,754
厚生費	4,276,181	4,228,313	4,200,668	4,033,422
減価償却費	3,166,118	3,415,694	3,532,916	2,707,800
賃借料	8,267,835	4,138,968	2,460,591	4,388,297
修繕費	4,126,301	3,444,047	4,096,143	3,069,540
事務用消耗品費	7,029,872	5,556,278	8,218,709	7,225,359
旅費交通費	7,224,897	6,704,474	6,337,589	7,285,124
水道光熱費	1,009,715	1,012,001	1,015,200	1,015,740
租税公課	7,291,215	3,192,840	4,012,194	3,446,400
寄付金	486,840	0	21,840	26,400
接待交際費	2,495,921	3,494,925	4,055,834	4,511,147
保険料	7,895,258	7,785,600	6,660,779	6,730,935
備品・消耗品費	5,072,420	6,022,230	4,308,252	3,994,635
管理諸費	0	0	2,926,277	3,346,443
通信費	3,279,344	2,643,021	2,953,350	3,158,097
新聞図書費	445,083	432,149	289,509	356,181
手数料	3,232,035	2,498,768	2,461,734	1,616,684
諸会費	2,832,258	2,932,175	0	0
貸倒償却	0	0	8,859,000	0
雑費	3,096,374	787,917	1,134,348	1,208,994

H19年度	H20年度	H21年度	H22年度	H23年度	H24年度
166,685,216	179,596,848	157,426,889	125,616,458	140,689,547	125,172,072
1,004,286	916,428	1,589,297	2,557,047	1,058,615	546,429
0	0	0	0	0	0
15,236,852	23,085,617	17,491,883	18,203,840	14,916,318	15,822,687
19,999,328	22,610,718	19,884,585	18,040,965	17,758,725	17,215,959
54,885,000	43,110,000	31,860,000	28,950,000	31,440,000	26,280,000
6,103,178	17,620,650	17,030,661	2,051,636	5,800,590	3,955,232
2,380,500	1,695,000	0	0	0	0
9,129,155	8,811,825	8,334,095	7,035,609	7,680,144	5,974,151
3,226,196	3,294,438	4,307,513	2,634,537	2,977,685	2,756,843
1,671,459	1,564,238	2,464,631	1,552,635	1,382,385	1,303,470
3,913,685	4,710,800	3,821,447	4,567,692	5,461,110	4,942,488
3,092,067	4,087,535	3,759,903	4,094,967	6,224,304	4,082,049
8,906,339	8,804,105	7,993,886	4,874,907	6,110,106	8,826,084
9,781,178	11,952,155	7,456,344	4,917,215	8,350,157	6,110,631
1,022,160	986,399	1,066,386	1,044,195	153,389	153,000
3,518,657	3,261,843	4,814,850	1,909,050	4,642,950	2,714,700
0	0	0	450,000	0	9,000
2,034,767	2,499,797	1,908,663	1,964,847	3,403,386	2,423,678
7,355,448	7,337,861	8,778,668	8,416,551	10,040,130	7,382,919
4,235,118	4,997,378	5,790,774	3,572,402	3,805,485	5,301,870
2,016,132	2,060,390	2,163,878	3,029,678	3,441,639	2,586,488
3,254,222	3,212,646	2,705,760	2,404,511	2,416,181	2,492,043
326,585	331,257	432,855	321,536	217,010	230,606
1,995,524	1,821,905	2,117,760	1,424,795	1,757,930	1,405,230
0	0	0	0	0	0
0	0	0	0	0	0
1,597,386	823,869	1,653,054	1,597,847	1,651,311	2,656,518

④ 製造原価明細書

		H15年度	H16年度	H17年度	H18年度
材料費					
	期首材料棚卸高	112,956,567	68,366,646	62,658,059	48,824,885
	材料仕入高	261,496,071	296,044,188	249,441,983	266,833,779
	仕入値引戻し高	-50,568	0	0	0
	合計	374,402,070	364,410,834	312,100,041	315,658,664
	期末材料棚卸高	68,366,646	62,658,059	48,824,885	52,967,456
	当期材料費	306,035,424	301,752,776	263,275,157	262,691,208
労務費					
	賃金	110,035,658	102,220,592	98,974,319	101,587,952
	賞与	0	0	4,981,500	10,144,500
	法定福利費	13,631,577	12,852,570	11,797,541	12,879,474
	厚生費	5,226,441	5,167,937	5,134,148	4,929,735
	当期労務費	128,893,676	120,241,098	120,887,507	129,541,661
経費					
	外注加工費	1,180,193	1,330,478	1,101,056	1,435,388
	電力費	14,373,441	15,340,887	15,081,936	14,668,386
	運賃	0	0	0	0
	減価償却費	16,024,982	13,694,433	12,981,704	11,372,243
	修繕費	1,031,576	861,011	1,024,035	886,172
	租税公課	0	0	0	7,500
	賃借料	50,583,777	44,704,800	31,923,615	23,407,770
	保険料	7,895,258	7,785,600	6,660,779	6,730,934
	消耗品費	9,048,839	8,299,730	6,467,393	8,263,959
	旅費交通費	1,806,225	1,676,118	1,584,396	1,907,810
	雑費	724,593	196,979	323,411	2,607,218
	当期経費	102,668,882	93,890,034	77,148,323	71,287,377
当期総製造費用		537,597,981	515,883,908	461,310,986	463,520,246
期首仕掛品棚卸高		0	0	0	0
合計		537,597,981	515,883,908	461,310,986	463,520,246
期末仕掛品棚卸高		0	0	0	0
当期製品製造原価		537,597,981	515,883,908	461,310,986	463,520,246

【解説】　これは、債務者概況表の「②財務内容及び問題点③業績推移等」の詳細説明になります。勘定科目を詳細に表示し、過去の推移よりも長期間になっており、一覧性を高め、実態把握には大いに役立ちます。窮

H19年度	H20年度	H21年度	H22年度	H23年度	H24年度
52,967,456	40,014,167	76,989,117	56,490,410	91,873,434	101,112,516
209,178,830	286,956,018	203,486,342	240,253,509	223,556,792	182,143,310
0	0	0	0	0	0
262,146,285	326,970,185	280,475,459	296,743,919	315,430,226	283,255,826
40,014,167	76,989,117	56,490,410	91,873,434	101,112,516	84,375,986
222,132,119	249,981,068	223,985,049	204,870,485	214,317,710	198,879,840
88,755,932	88,478,772	84,236,639	77,193,425	80,324,037	76,920,218
4,924,500	6,135,000	0	0	0	0
11,157,855	10,770,008	10,184,625	8,599,077	9,386,843	7,301,739
3,943,125	4,026,536	5,263,500	3,219,989	3,639,390	3,369,473
108,781,412	109,410,315	99,684,764	89,012,490	93,350,270	87,591,429
655,046	1,729,317	952,833	1,663,793	8,057,676	5,766,912
14,318,909	15,508,238	15,706,620	16,566,290	15,395,522	16,086,135
0	0	0	0	0	102,848
10,527,986	12,537,435	11,823,956	11,359,932	14,235,479	12,323,301
5,772,306	0	0	51,015	14,286	72,857
0	1,500	0	0	0	0
13,222,500	7,937,804	4,196,391	8,992,641	10,991,541	11,111,541
7,355,447	7,337,861	8,778,666	8,434,551	10,040,130	7,382,919
11,104,401	10,765,310	8,649,501	9,960,495	14,847,620	12,576,726
2,405,879	2,988,039	1,864,085	1,223,898	1,985,487	1,527,657
1,997,387	823,868	1,663,554	1,607,829	2,541,581	2,796,054
67,359,858	59,629,370	53,635,605	59,860,443	78,109,320	69,746,949
398,273,388	419,020,752	377,305,418	353,743,418	385,777,299	356,218,218
0	0	0	0	0	0
398,273,388	419,020,752	377,305,418	353,743,418	385,777,299	356,218,218
0	0	0	0	0	0
398,273,388	419,020,752	377,305,418	353,743,418	385,777,299	356,218,218

境原因の発生時期とその結果（財務数値）を照合することにより、経営改善計画策定方針や将来数値の予測に効果的です。

④ 実態BSと修正プロセス表

		H24年度	修正額	実質金額	備考
流動資産		442,876,781	-136,073,920	306,802,861	
	現金預金	37,748,847		37,748,847	
	受取手形	0		0	
	売掛金	96,633,144	-5,639,674	90,993,470	相手先倒産のため減額。
	商品	61,001,424	-24,369,674	36,631,750	棚卸による差異。
	製品	45,464,498	-13,697,598	31,766,900	棚卸による差異。
	原材料	84,375,986		84,375,986	
	貯蔵品	5,459,361	-4,366,974	1,092,387	棚卸による差異。
	前渡金	2,220,462		2,220,462	
	前払費用	11,160,023		11,160,023	
	短期貸付金	8,632,350	-3,000,000	5,632,350	中国現地法人への貸付金を減額。
	仮払金	91,230,687	-85,000,000	6,230,687	中国現地法人への仮払金を減額。
	未収入金	0		0	
	仮払消費税等	0		0	
	貸倒引当金	-1,050,000		-1,050,000	
固定資産		363,416,208	-184,551,398	178,864,810	
	有形固定資産	264,899,423	-177,724,493	87,174,930	
	建物	86,601,716	-81,035,697	5,566,019	過去の減価償却不足。
	建物付属設備	3,678,116	-2,369,865	1,308,251	過去の減価償却不足。
	構築物	1,822,979	-569,365	1,253,614	過去の減価償却不足。
	機械装置	42,669,518	-13,569,374	29,100,144	過去の減価償却不足。
	車両運搬具	235,103		235,103	
	工具器具備品	6,787,707	-1,635,964	5,151,743	過去の減価償却不足。
	土地	123,104,286	-78,544,228	44,560,058	不動産鑑定評価を時価として減額。
	無形固定資産	3,755,471	-1,826,905	1,928,565	
	借地権	812,250	-812,250	0	実質無価値として減額。
	電話加入権	693,680	-693,679	0	実質無価値として減額。
	ソフトウェア	320,976	-320,976	0	実質無価値として減額。
	特許権	1,928,565		1,928,565	
	投資等	94,761,315	-5,000,000	89,761,315	
	出資金	15,325,800	-5,000,000	10,325,800	中国現地法人への出資金を減額。
	企業共済	61,421,244		61,421,244	
	保証金	2,397,000		2,397,000	
	長期前払費用	15,617,271		15,617,271	
繰延資産		426,000	-426,000	0	
	権利金	426,000	-426,000	0	実質無価値として減額。
	繰延資産	0		0	
資産の部合計		806,718,989	-321,051,318	485,667,670	
		H24年度	修正額	実質金額	
流動負債		176,646,044	20,500,000	197,146,044	
	支払手形	13,182,427		13,182,427	
	買掛金	6,141,741		6,141,741	
	仮受金	0		0	
	仮受消費税等	5,107,950		5,107,950	
	短期借入金	94,250,000		94,250,000	
	未払金	57,398,501		57,398,501	
	未払費用	0		0	
	前受金	0		0	
	預り金	545,625		545,625	
	法人税等充当金	19,800		19,800	
	退職給付引当金		20,500,000	20,500,000	退職給与引当金を計上。
	賞与引当金	0		0	
固定負債		597,757,027	0	597,757,027	
	長期借入金	589,133,000		589,133,000	
	役員借入金	8,624,027		8,624,027	
負債の部合計		774,403,070	20,500,000	794,903,070	
	資本金	20,000,000		20,000,000	
	利益剰余金	12,315,919	-341,551,318	-329,235,400	
	利益準備金	6,000,000		6,000,000	
	その他利益剰余金	6,315,919	-341,551,318	-335,235,400	
	別途積立金	5,000,000		5,000,000	
	繰越利益剰余金	1,315,919	-341,551,318	-340,235,400	
純資産の部合計		32,315,919	-341,551,318	-309,235,400	
負債・資本の部合計		806,718,989	-321,051,318	485,667,670	

【解説】　金融機関は取引先の実態を把握するために、自己査定を行っています。この自己査定については、実態BSに近いものであり、税理士・公認会計士の支援で、この実態BSの作成ができれば、金融機関としては大変有難いものです。また、実態BSに伴い調整する損益は、同期の損益計算書に反映され、経営改善計画の発射台ともなります。金融機関は、多くの中小企業が税務基準による決算書となっているため、中小企業会計指針・中小会計要領などの適正な会計処理を行った場合の実態純資産額等を把握することが必要になります。この実態純資産額に基づいて、債務超過解消年数等、経営改善計画・キャッシュフロー・返済計画の策定のための重要な指標の算定を行います。

(5) 金融機関取引状況

① 金融機関別借入金

金融機関名	長/短	借入金額	約定利率	償還額/月	残高(H25年1月末現在)	保証協会	不動産担保	保全額合計	非保全額
A銀行	短期	45,000,000	0	45,000,000	45,000,000	67,000,000			
	短期	3,000,000	0	3,000,000	3,000,000				
	短期	1,500,000	0	1,500,000	1,500,000				
	短期	3,000,000	0	3,000,000	3,000,000				
	短期	3,000,000	0	3,000,000	3,000,000				
	短期	3,000,000	0	3,000,000	3,000,000				
	短期	3,000,000	0	3,000,000	3,000,000				
	小　計			0	61,500,000	45,000,000			
	長期	39,000,000	2.6	645,000	17,070,000				
	長期	45,000,000	1.8	532,500	19,972,500	15,978,000			
	長期	34,500,000	2.3	442,500	20,782,500	16,626,000			
	長期	10,500,000	2.2	135,000	6,315,000	5,052,000			
	長期	75,000,000	2.5	1,270,500	39,426,000				
	長期	217,500,000	2.6	2,580,000	133,000,000				
	長期	30,000,000	1.8	375,000	25,125,000	25,125,000			
	長期	30,000,000	2.4	615,000	28,155,000				
	長期	75,000,000	3	1,027,500	72,945,000				
	長期	30,000,000	2.95	510,000	25,410,000				
	長期	30,000,000	2.7	502,500	28,492,500	28,492,500			
	長期	30,000,000	1.4	495,000	28,020,000				
	小　計			9,130,500	444,713,500	91,273,500			
	合　計			9,130,500	506,213,500	136,273,500	67,000,000	203,273,500	302,940,000
B銀行	短期	10,000,000	1.975	0	10,000,000				
	短期	17,500,000	1.975	0	17,500,000	17,500,000	11,544,228		
	小　計			0	27,500,000	17,500,000			
	長期	22,500,000	1.5	315,000	2,655,000				
	長期	15,000,000	1.35	126,000	842,000				
	長期	34,500,000	2.35	583,500	12,246,500				
	長期	3,000,000	1.4	85,500	2,145,000				
	長期	6,000,000	2	171,000	4,290,000				
	長期	21,000,000	2.7	600,000	15,000,000				
	長期	45,000,000	1.6	780,000	8,853,310				
	小　計			2,661,000	46,031,810	0			
	合　計			2,661,000	73,531,810	17,500,000	11,544,228	29,044,228	44,487,582
C銀行	長期	75,000,000	2.6	750,000	18,000,000	0	18,000,000		
D信用金庫	長期	22,755,000	2.3	270,000	13,305,000	10,644,000			
	長期	11,250,000	2.1	133,500	8,980,500	7,184,400			
	合計			403,500	22,285,500	17,828,400	0	17,828,400	4,457,100
	総　計			12,945,000	620,030,810	171,601,900	78,544,228	250,146,128	369,884,682

【解説】　借入金については、金融機関ごとに約定利息、返済条件、付保状況などを詳細に記載する必要があります。金融機関は自行の貸付については把握できていますが、他行のものについては、ほとんど内容を把握できていません。金融機関調整を行う際に、当該資料は大変重要なものとなります。したがって、契約書、返済予定表などをもとに、場合によっては、金融機関に確認し、正確なものを作成する必要があります。

② 不動産担保状況一覧

所有者		所在		面積	構造	築年	鑑定評価額：円	1番	2番
山田工業	土地	和歌山県橋本市○○332番7	宅地	3267.59			34,606,359	A銀行根抵当2,700万円	B銀行根抵当3,000万円
山田工業	建物	和歌山県橋本市○○332番7の1	倉庫	187.20	軽量鉄骨造スレート葺2階建	S44年4月			
山田工業	建物	和歌山県橋本市○○332番7の2	倉庫	282.24	木・軽量鉄骨造亜鉛メッキ鋼板葺2階建	S45年6月			
山田工業	建物	和歌山県橋本市○○332番7の3	工場	124.34	軽量鉄骨造鉄板葺2階建	S48年1月			
山田工業	土地	和歌山県橋本市○○191番9	宅地	4601.41			43,937,869	A銀行根抵当4,000万円	B銀行根抵当4,000万円
山田工業	建物	和歌山県橋本市○○191番9	工場	312.62	木造亜鉛メッキ鋼板葺2階建				
山田工業	建物	和歌山県橋本市○○191番10	工場	1046.12	鉄骨造スレート葺2階建	S46年12月			
山田工業	建物	和歌山県橋本市○○191番11	工場	1434.40	鉄骨造亜鉛メッキ鋼板葺2階建	S51年増築			
山田工業	建物	和歌山県橋本市○○191番12	倉庫・工場	607.76	鉄骨造亜鉛メッキ鋼板葺2階建	S61年6月			

【解説】　不動産担保状況についても、金融機関への返済条件・返済計画を検討する際の重要な資料となるため正確な把握が必要となります。また、清算配当の試算を行う際にも各金融機関の配当を計算するための重要な資料となります。

【補足】
　借入金の担保状況と不動産担保の評価に関する資料は、仮に会社清算を行う場合に金融機関ごとの配当がどれほどになるかの算定資料となります。例えば、ある金融機関の融資については、ほとんど不動産担保により回収が出来る状態であれば、その金融機関は再生支援を行うことより清算を行うことを望み、再生支援に関して積極的に動いてくれない状況も想定されます。金融機関にとっては、自行の貸出がいくら回収できるかが最優先事項であるため、当資料の作成に関しては、不動産登記を確認し最新の状況を反映し正確に行うことが重要となります。

【ポイント】
経営改善計画は、中小企業庁のサンプルＡを基礎に必要な資料を付加するということが重要である。金融機関の稟議や役員会の資料となるため、精緻なものとする必要がある。

Q-2-5 事業DDを反映する具体的な収益改善
（本部・審査部の企画統括のメンバー）：債務者概況表の補足・詳細説明資料によって、税理士・公認会計士・認定支援機関の目線が固まり、一緒に取り組むべき人材のイメージはできます。ただし、以下の債務者概況表の補足・詳細説明資料では、そのサンプルＡの資料の《計数計画・具体的な施策》における「数値計画の概算」や「課題」並びに「具体的な内容」について、金融機関として要望があります。金融機関としては、この部分について、事業DDによる分析結果を反映したものがどうしてもほしいと思います。具体的には、サンプルＡに記載されている内容であれば、しっかりとした事業DD結果が読み取りにくいです。税理士・公認会計士・認定支援機関の先生方の事務所に、この事業DDができる中小企業診断士のような人材が居たり、知人に

第2章　中小企業再生支援のための税理士と金融機関の連携・交渉

経営改善計画書のサンプル【原則版】　　認定支援機関作成支援⇒社長検証

《計数計画・具体的な施策》

数値計画の概要

（単位：千円）	実績-2 平成23年 9月期	実績-1 平成24年 9月期	計画0年目 平成25年 9月期	計画1年目 平成26年 9月期	計画2年目 平成27年 9月期	計画3年目 平成28年 9月期	計画4年目 平成29年 9月期	計画5年目 平成30年 9月期
売上高	350,300	322,243	138,077	144,981	152,230	159,841	159,841	159,841
営業利益	38,562	▲27,165	▲34,526	▲7,901	1,621	6,173	11,532	12,499
経常利益	44,966	▲23,032	▲25,761	▲10,980	▲1,243	4,462	9,171	10,428
当期利益	32,762	▲23,251	▲25,815	▲24,880	▲1,297	4,408	9,117	10,374
減価償却費	27,832	36,525	28,434	18,454	15,950	13,609	12,320	11,002
簡易CF（経常利益＋減価償却費－法人税等）A	61,304	13,374	2,619	7,420	14,653	18,017	21,437	21,375
現預金残高	81,514	39,261	53,986	46,197	51,170	57,358	64,969	69,201
金融機関債務残高	238,361	361,137	352,527	333,858	323,309	310,891	296,006	278,010
資本性借入金	－	－	－	－	－	－	－	－
運転資金相当額	48,329	13,911	5,533	6,096	6,439	6,800	6,803	6,803
差引要償還債務残高B	108,518	307,965	293,008	281,566	265,700	246,734	224,235	202,006
CF倍率 A÷B	1.8	23.0	111.9	37.9	18.1	13.7	10.5	9.5
簿価純資産額	51,563	28,312	2,497	▲22,383	▲23,680	▲19,272	▲10,154	219
実質純資産額		12,158	▲13,657	▲24,691	▲25,987	▲21,579	▲12,462	▲2,088
中小企業特性反映後実質純資産額		17,158	▲8,657	▲19,691	▲20,987	▲16,579	▲7,462	2,912

（注）計画3年目に経常黒字化している。計画5年目に中小企業特性反映後実質債務超過を解消し、その時点のCF倍率は9.5倍と10倍以下となっている。

社長作成

	項目	課題	実施時期	具体的な内容
1	営業体制の強化	顧客別予実管理	平成25年4月～	既存顧客へのフォローアップ回数増による追加受注や、自動車以外の工作機械メーカー等への新規営業による切削業務の受注獲得を目指します。「営業行動管理シート」を作成し、営業担当者毎・顧客毎に、顧客情報、営業方針・営業戦略、月次売上目標を記載してもらい、顧客別の予実管理を行うとともに、フィードバックできる体制を構築します。
		営業会議の開催	平成25年4月～	これまでは営業担当者間の情報共有があまり行われていなかったため、毎週水曜日の午前中に営業会議を開催します。各営業担当者から「営業行動管理シート」に記載した営業戦略や売上目標、達成度合や改善施策等について発表してもらいます。参加者全員でその内容について協議するとともに、成功例や失敗例を共有して営業力の向上を図ります。
			省略する	
2	経費削減	役員報酬の削減（実施済み）	平成24年9月	この度の業績悪化に関する経営責任として、取締役3名の役員報酬を各人の生活に必要最低限の金額まで削減します（平成24年9月に実施済み）。
			省略する	
2	旧工場の処分	売却代金の弁済	平成26年9月期中	売却代金については担保権者であるA銀行に対して返済を行い、支払利息の圧縮を図ります。

経営改善計画に関する表明事項

対象会社	弊社はこのたび、財務体質の抜本的な改善と事業面の立て直しを図るべく事業計画を策定いたしました。弊社では、本計画に基づき、金融機関様のご支援のもと、社長・従業員が一丸となって事業再生を進める所存でございます。このような事態を招き、金融機関様には多大なご迷惑をおかけしますが、本計画について御理解を賜りたくお願い申し上げます。
主要債権者	甲株式会社より事業計画への取り組み表明を受けたため、経営改善施策への誠意ある取り組みを前提条件として、本計画書に記載された金融支援を行います。

そのような人材がいらっしゃれば有難いのです。仮に、銀行がその事業DDができるコンサルタントや中小企業診断士を見つけ出したとしても、そのコンサルタントや中小企業診断士が、税理士・公認会計士・認定支援機関の先生が実施した財務DDや窮境分析と整合した事業DDを行ってくれるか分かりませんね。理想としては、税理士・公認会計士の先生に、この事業DDの分析も同時に依頼することができれば、本当に有難いのですが……。

A-2-5（中村中）：確かに、上記の経営改善計画書のサンプルA（原則版）の《計数計画・具体的な施策》における売上高を見れば、金融機関としては、もう少し収益が改善できるような実現可能性の高い具体的な施策が欲しくなりますね。売上高が、平成23年9月期に3億5,000万円、24年9月期に3億2,000万円の実績となっているのに、25年9月期には1億3,000万円まで落ち込み、26年9月期の計画では1億4,000万円で、それ以降も同様な低水準の売上計画となっています。この状態では、売上や収益の改善施策が必須と思いますが、この企業が考えた施策は、「営業体制の強化」「経費削減」「旧工場の処分」で、その課題や「具体的な内容」に書かれた対策は、あまりにも抽象的であり具体性がないものでした。金融機関の本部・審査部としては、これが、施策としてアクションプランになるとは思えず、具体的なイメージが湧かず、おそらく物足りなく思うはずです。このような場合は、金融機関としては、もう少し抜本的な対策を求めたくなり、そこで、収益増強に繋がるような事業DDを求めるということになります。金融機関の本部・審査部の内部では、将来の損益状況がこれほどまでに厳しい予測で、然るべき事業DDがないならば、検討不足として、とてもその上司にこの計画を回すことはできないと思います。

サンプルAは、模範解答であると仮定すれば、その裏には、この施策を講じなければならない理由があるかもしれませんが、ご質問のとおり、「金融機関としては、事業DDによる分析結果を反映したもの

が欲しい」とおっしゃることも分かります。

　《数値計画・具体的な施策》に述べられた「営業体制の強化」「経費削減」「旧工場の処分」の施策に加えて、この経営改善計画に関連して、事業DDに裏付けられた具体的な施策が、金融機関としては求めるものと思います。経営資源が不足しがちな中小企業において、目指すべき戦略の定石は、外部環境の機会に自社の強みを投入することです。外部環境分析、内部環境分析で明らかになった機会に、自社の経営資源を最大限投入して、以後の期の収益を向上させ、財務体質の強化を図ることが鍵となります。売上高の急激な落ち込みと、その後の計画の低い水準の根拠を説明しないままに、事業DDがされないままでは、本部の審査部メンバーは頭を抱えてしまうと思います。やはり、しっかりした事業DDが必要ですね。

　とは言うものの、この《計数計画・具体的な施策》における「数値計画の概要」としては、経営改善計画の検討項目は十分網羅されています。この様式の「数値計画の概要」の欄に、売上高や利益などの項目に加えて、「簡易CF」「差引要償還債務残高」「CF倍率（債務償還年数に相当する指標）」、および、「実質純資産額（実態：金融支援後）」、さらには「中小企業特性反映後実質純資産」などといった項目が設けられています。つまり、作成した計数計画（損益計算書や貸借対照表、キャッシュフロー計算書など）に基づいて、債務償還年数がどのように推移していくか、実態ベースの債務超過が解消する時点はいつか、などといった支援金融機関として再生などに最も必要な情報を、この様式の中に盛り込んでいます。債務償還年数によって、再生手法の大筋が決まるので、金融機関としては、事業DDに基づく収益性の検討については更に詳しい資料の提供が欲しいかもしれませんが、網羅性としてはこのフォームとして問題なしだと思います。

> 【補足】
> 経営改善計画を策定する場合、債務償還年数、債務超過解消年数に関する記述は最低限必要となります。何故なら、これらの数値により取るべき再生手法が変わってくるからです。一般的には、債務超過の解消を３～５年程度で実現できる計画が望まれます。そして、債務償還年数が15年を超えるような場合は、返済猶予、利息の元本組み入れ以外の方法（DESやDDS、債権放棄、法定整理など）を検討するという目途があります。また、債務超過の解消に何十年もかかるような場合や債務償還に長期間を要するような計画は実現可能性に乏しい上にそもそも支援を行う必要があるかということを検討する必要があります。

この様式については、中小企業庁のケースでは、次に続く《実施計画》および《計数計画》の主要項目や要点をまとめたサマリーとして位置づけられています。また、「経営改善計画に関する表明事項」も、金融機関としては、その内容について具体性や実現可能性を求めると思いますが、形式的に、「経営改善計画に関する表明事項」を記載することは有効であると思います。

> 【ポイント】
> **経営改善計画は、中小企業庁のサンプルＡを基礎として作成するが、施策の内容等については、しっかりとした事業DDの結果を反映させたものにする必要がある。**

Q-2-6 事業DDの具体的手法の説明
（本部・審査部の企画統括のメンバー）：事業DDの具体的なやり方を教えてください。
A-2-6（中村中）：では、この中小企業庁の事例から離れて、前出（Q

-2-4)で例示しました山田工業株式会社のケースを用いて説明します。

　事業DDは、繰り返しになりますが、財務DDに紐付いた形で実施されていることを求められます。金融機関担当者としては、事業が数字に落としこまれて計画上表現されなければ、事業DDでどのような効果をもたらすか見えないからです。したがって、税理士・公認会計士が財務DDを行って、検討すべき課題について絞り込んで、中小企業診断士・コンサルタントなどに依頼することが、効果的・効率的ということになります。事業DDの具体的な成果物、報告書は以下に示します。

　事業DDに関わるプロセスとしては、税理士・公認会計士が財務DDで企業の全体像を精査して、事業DDの課題を中小企業診断士などに依頼します。その成果物を中小企業診断士などに報告書にまとめてもらい、営業キャッシュフローや返済財源の目線で報告書を検討し、その結果を踏まえて、各金融機関の毎年返済金額などを展望します。同時に、計画書策定の各プロセスのバランスや統一性を見直すということになります。

1）材料費に関する事業DDの依頼

　この山田工業株式会社の場合は、損益計算書の売上原価における製造原価報告書、その材料費の比率が毎年大きいことに加え、平成23年に入り、材料費率が上昇しました。経営者の意見によれば、主な理由は、売上の減少により平成18年以降取引を行っている国内製材会社の単位あたり費用が上昇し、仕入単価が上昇したものとのことでした。また、材料単価低減のため、資材の調達について、検討する必要があるとのことであり、当面は、当社の希望金額で調達可能だが、将来的に価格面で問題が発生する可能性があって、内製化も含めて検討する必要があるとのことでした。この内容については、中小企業診断士などのコンサルタントによって、専門家の目で検討することが重要であると判断し、材料費に関して事業DDを依頼することになりました。

　そこで、後日、中小企業診断士からその事業DDの報告書が届きました。

中小企業診断士の報告例

主な材料の仕入先変更経緯と仕入原価削減策

No.	年	材料 仕入先	加工先	当社仕入単価 (㎡) ①		仕入数量 (㎡) ②	仕入金額 ③=①×②	当社販売単価 (㎡) ④		販売数量 (㎡) ⑤	販売組数
1	1998年以前	バンクーバー社（カナダ）	本国内のリマン	32X58	168,000			32X58	392,197	561	37,001
				26X50	135,000			26X50	313,977	854	105,012
				22X42	98,000			22X42	220,621	956	418,218
				平均価	134,000			平均価	308,932		
2	1998～2002年	会社が売却されトロント社になる（カナダ）	本国内のリマン	32X58	168,000			32X58	392,197	1,863	122,763
				26X50	135,000			26X50	313,977	2,384	293,133
				22X42	98,000			22X42	220,621	2,695	1,178,714
				平均価	134,000			平均価	308,932		
3	2003～2005年	トロント社	中国のリマン（現WWC）	32X58	182,000			32X58	392,197	655	43,146
				26X50	148,000			26X50	313,977	784	96,419
				22X42	110,000			22X42	220,621	985	430,704
				平均価	168,000			平均価	308,932		
4	2006～2008年	アラスカ丸太を国内商社から仕入	竹中製材にて製材・乾燥・キドリ	32X58	230,000	210.8	48,480,263	32X58	466,023	526	34,644
				26X50	185,000	212.7	39,356,882	26X50	396,322	551	67,755
				22X42	132,000	341.0	45,006,786	22X42	264,745	763	333,804
				平均価	17～22万円	合計	132,843,930	平均価	375,697		
5	2009～2010年	ウッド社からカスタムカットを購入	竹中製材にて製材・乾燥・キドリ	32X58	213,000	157.1	33,451,650	32X58	512,163	211	13,904
				26X50	179,000	166.7	29,830,350	26X50	453,524	239	29,445
				22X42	125,000	138.3	17,287,500	22X42	304,976	340	148,854
				平均価	14～16万円	合計	80,569,500	平均価	423,554		
6	2011年	ウッド社からカスタムカットを購入	竹中製材にて製材・乾燥・キドリ	32X58	350,000	55.5	19,425,000	32X58	512,163	100	6,572
				26X50	250,000	55.5	13,875,000	26X50	453,524	108	13,248
				22X42	200,000	105.0	21,000,000	22X42	304,976	167	73,154
				平均価	29万円以上	合計	54,300,000	平均価	423,554		
7	2012年以降	WWCからの製品品仕入と内製化を平行	将来的な目標を置いて全面的に内製化	32X58	*183,600＋	30.3	5,562,805	32X58	512,163	102	6,750
				26X50	*157,250＋	11.2	1,762,222	26X50	453,524	110	13,500
				22X42	*124,100＋	23.8	2,958,482	22X42	304,976	172	75,000
				平均価	14～17万円	合計	10,283,509	平均価	423,554		

＊ $1.00≒85円

第2章 中小企業再生支援のための税理士と金融機関の連携・交渉

販売金額 ⑥=④×⑤	粗利金額 (年間)	粗利率 (%)	変更前の問題点	変更後の改善効果と問題点
220,162,447	125,854,507	57.2%		
268,172,497	152,866,959	57.0%		
210,988,489	117,267,257	55.6%		アメリカ杉にこだわっていたため、その当時、世界中でも最も大手であったバンクーバー社と取引ができていたことは素晴らしいことであった。また、それだけの数量をこなしていたため安定供給が必要だった。ただ、時代の変化と賃金の上昇などの理由で、リマンを中国に移す提案をされる。同社はトロント社を経てBPR社に買収される。こちらも現在はカナダ国内の山林保有率No.1の企業である。BPRがカナダ国内で勘定の合うリマンが無くなったため、下請けの中国リマンでこなすことを提案。本国国内で探すことよりも可能性があり、全ての工場が中国移転への流れだった。依然として含水率の問題は解決せず。不良率が高いまま改善の方向が見えず購入を断念。価格も改善されないままだった。
730,471,278	417,569,408	57.2%	カナダから直接仕入れは、材料安定供給への期待という意味で必要だった。ただ、現地のKD熱源をパルプ工場に頼っていたため不安定で、乾燥（含水率）に問題があったため、幾度と改善の要求をしていた。カナダ国内での製材側と国側との労務交渉の難航などもあり製材から従業員が離れた。当時、従業員のストライキや港湾のデモなどがあり幾度となく入荷遅延や入港延期などの問題も多く抱えていた。	
748,583,102	426,716,472	57.0%		
594,653,936	330,508,249	55.6%		
256,729,746	137,593,664	53.6%		
246,227,002	130,162,461	52.9%		
217,287,601	108,949,609	50.1%		
244,943,977	124,054,848	50.6%	カナダ国内での丸太出材難と市場在庫切れを受け、やむなく丸太からの加工を選択。歩留まりの低下とキャッシュフローの悪循環に陥る。購入する丸太の材積が大きいため、支払い金額も大きくなった。	商品の品切れという最悪の結果は免れたが、予想通り歩留まりは悪く、キャッシュフローの悪さが経営（支払計画）を圧迫。仕入金額の大きさに加え支払方法も問題であった。
218,407,225	116,456,446	53.3%		
202,082,402	101,325,534	50.1%		
108,034,813	63,104,947	58.4%	丸太から比べると、歩留まりで15%ほど、製材加工賃で20%ほど改善した。ある一定の量をこなしていれば単価の低い条件が揃うのだが、加工（販売量）が現在の量まで減ってしまうと困難になる。	アメリカ需要が落ち込んでいるからこそ可能になったカスタムカットだった。結果、ハイグレードの板がリーズナブルな価格で供給され続けている。今後の仕入ソースとしても重要な仕入先。
108,614,874	65,746,002	60.5%		
103,809,086	61,261,030	59.0%		
51,062,738	16,167,679	31.7%	ノルマであった"ある一定量"を割り込んでしまったため、製材の管理費や家賃などを割り返せない結果となる。	加工量の減少で、国内での製材の運営には満たない材積となった。現在ウッド社から、安価で購入出来ている板を使用しているので、製材を内製化するまでの間WWCからの仕入れでしのぎ今後に繋ぐ。
48,868,394	21,930,242	44.9%		
51,016,418	17,560,397	34.4%		
52,449,742	33,647,578	64.2%	以前に購入していた時点では、乾燥不良・ソリ曲がりの問題が多くて購入を断念した経緯あり。不良率が30%近いコンテナもあった。ただ、以前とは違い、購入経路にBPRの介在が無く、また当時よりも工場の体制が整っている。見積価格も2010当時の状態まで回復可能。	WWCからの仕入れは、価格の面でも一時的なソースで、一日も早い内製化を目指す必要あり。中国国内の賃金も上昇しているので、WWCからの仕入ソースを生かしながら、内製化に踏み変えていく。（内製化に必要な製材機械およそ1000万円）
49,797,956	32,531,552	65.3%		
52,304,146	31,020,686	59.3%		

2) 中国への投資に関する事業DDの依頼

　前記の実態BSの短期貸付金・仮払金の減額や出資金の減損は、その金額も大きい上に、経営者からも、その投資の失敗に関して、明確な説明がされませんでした。そこで、「中国現地法人○○○○画材有限公司への投資」に関して、中小企業診断士などに、事業DDを依頼しました。

　その報告書は以下の通りでした。

中小企業診断士の報告例

①　現地法人設立の経緯

　2005年当時は中国桐を画枠の資材として使用していた。当時の中国側仕入先からの勧めもあり、現地法人を設立することによる良質な資材の安定供給と奨励する企業の条件に合致するという理由もあり、設立に至った。出資は500万円で設立したが、次々と条件を付加され、仮払金、短期貸付金合計で、結果として8,000万円以上の支出となるに至った。

②　設立後の状況

　2005年9月30日に企業認可されたが、操業開始までには約1年かかった。画枠用資材の生産開始にあたり、原材料である桐材を購入する際に現地材木商と理事長の間で賄賂が発覚、現地法人より資本関係のない現地仕入先の方が品質・価格 納期も確実で初めから甘えの体質となり開業即停止の状態のため、運転資金をはじめ全ての援助を停止した。

③　今後の方針と対策

　国際法律事務所と協議したが、理事長が中国人で実印を所有しているため、役員変更手続きも行えず現在に至っているが、中国の外資系企業に対する法整備が不備のためか、常識的な判断すらできず、今後の進め方について苦慮している状況である。

企業認可より5年が経過しないと財産処分ができない等の法律問題があったが、それ以後既に2年が経過し、企業認可より7年が経過している。

3) 売上上伸に対する対策

売上・売上総利益の逓減に対して、製品別に選択と集中が必要であると考えられました。当社内でも、種々の意見があり、この経営改善計画策定を機に、社内意見を集約する必要があると判断し、中小企業診断士などの専門家に、事業DDを依頼することになりました。

製品別販売方針に関する中小企業診断士の報告例

① 画枠について

(1) プロ仕様画枠

弊社の一番の強みであるハイスピードプロダクトラインを利用して品質一番を掲げ、資材の歩留り向上（資材費率43％）に努め、プロ仕様としての商品認知度をより確実なものにする。

(2) 中間層仕様画枠

資材を中国に頼っていることと、商品として中間価格帯で中途半端のために売上が伸びないので、廃番予定。

(3) 日曜画家仕様画枠

画学生及び日曜画家用の低価格帯の商品で、時節柄、ある程度の売り上げとなっていることから、中間層仕様画枠の穴埋めも含め、より充実させていく予定。

(参考) プロ仕様画枠価格を1とすると、中間層仕様画枠は0.6、日曜画家仕様画枠価格は0.5である。

② パネルについて

規定材として油絵より日本画の需要が伸びていることから現有設備で

製造可能で、しかも総稼働率の向上につながる商品として、他社にはない技術を使用して、平成21年4月に内製化して3年が経過した。商品としての評判も良く内製化前と比べると120％の伸びを示している。内製化前の原価率は約80％だが、内製化後は約65％となっている。（資材費率は約33％）プロ仕様画枠が洋画家用に対し、パネルは日本画家用であり、もう一本の柱として広くPRしていく。

③　張りキャンバスについて

　この商品は、25年前頃に画材業界でささやかれた「張りキャンバスを征する者は、画材界を征する」と言われていた。

　弊社の先代は機械に明るく社内で開発製造を成功させた。卸業者の協力もあり、プロ仕様画枠と同じく、日本の市場の大半を占めるにいたった。昨今では、中国の攻勢に会い低迷しているが、やはり、品質面や安定供給面で価値観を理解していただき、販売攻勢をかける。

④　生産フレーム（額縁）について

(1)　新連携による新しいビジネスモデルの展開及び地域資源活用プロジェクトによる新製品を2012年6月より発売開始することで額縁部門の売り上げ向上を目指す。

(2)　額縁製造開発3Dデザインシステム（経済産業省認可の新連携、及び地域資源支援事業）を3年後を目処に構築させて「新和風額縁」の開発と販売を進める。

(3)　フレームは弊社の特許製品であり、公募展用の仮額縁で安価なためかよく売れている（5年間売り上げ推移180％伸び）ので、今後もこの分野の開発を進める。

(4)　ネット販売の開始BtoCを開始した。

【ポイント】
事業DDは財務DDと整合性が必要であるため、財務DDの結果から項目を絞って事業DDを実施し、整合した内容で一つの計画とする必要がある。

Q-2-7　効果的なモニタリング体制と報告

（本部・審査部の企画統括のメンバー）：財務DDや経営者へのヒアリングの後に、事業DDを、中小企業診断士などのコンサルタントに、テーマを絞り込んで依頼し、その成果物として提出してもらう報告書のイメージは良く分かりました。しかし、中小企業庁のサンプルAの経営改善計画では、Q-2-5で述べた、《計数計画・具体的な施策》における「数値計画の概算」や「課題」並びに「具体的な内容」を受けて、以下のとおり、「実施計画」や「モニタリング計画」を作成することになっています。すなわち、企業全体の経営改善計画を具体的な施策に落とし込むということですね。具体的には、この企業の将来の施策で記載された「営業体制の強化」「経費削減」「旧工場の処分」の施策を、「実施時期」「実施責任者」などに分けて、数値目標に落とし込むということになっていますね。モニタリング計画については、「月次」「3ヶ月に一度」「決算期」にアクションプランをフォローするということにもなっていますね。我々、金融機関の本部・審査部としては、このような「アクションプラン」では、実現可能性やモニタリングの可能性について、受け入れられないと思います。もう少し、企業の部署に踏み込んだ具体的な施策や計画が示されることを期待しますね。モニタリングについても、予実差異が生じたときの対策など、やはり緻密なモニタリング計画が欲しいですね。複数行取引において、仮に当行が、その実施計画のフォロー金融機関やモニタリングの幹事行になっ

たことを想定したならば、とても、このレベルでは、本部審査ラインとしては承認することはできませんね。他行さんからも、クレームを受けてしまうと思います。

経営改善計画書のサンプル【原則版】 《実施計画》 社長作成

経営改善計画に関する具体的施策の効果 （単位：千円）

	経営改善計画の具体的な内容	実施時期	実施責任者	科目	直近期 平成24年 9月期	計画0年目 平成25年 9月期	計画1年目 平成26年 9月期	計画2年目 平成27年 9月期	計画3年目 平成28年 9月期	計画4年目 平成29年 9月期	計画5年目 平成30年 9月期
1	営業体質強化	平成25年4月〜	社長、営業部長	売上高	322,243	138,077	144,981	152,230	159,841	159,841	159,841
2	経費削減 役員報酬削減（実施済み）	平成24年9月	社長	役員報酬	29,615	9,338	10,062	10,062	10,062	10,062	10,062
	人員削減（実施済み）	平成24年9月	社長	賃金給与	116,283	55,633	56,144	56,694	57,250	57,809	58,375
	福利厚生費削減	平成25年4月〜	管理部長	福利厚生費	3,166	109	109	68	68	68	68
	工場消耗品費削減	平成25年4月〜	工場長	工場消耗品費	21,181	5,718	5,385	5,385	5,385	5,385	5,385
	接待交際費削減	平成25年4月〜	社長	接待交際費	617	865	462	462	462	462	462
	地代家賃削減	平成25年10月〜	社長	地代家賃	3,462	3,462	1,731	1,731	1,731	1,731	1,731
	保険料削減	平成25年4月〜	管理部長	保険料	20,281	3,431	615	615	615	615	615
				計	194,605	78,555	74,507	75,016	75,572	76,132	76,698
3	旧工場の処分	平成24年4月〜	管理部長	支払利息	7,255	7,178	6,864	6,572	6,342	6,069	5,740

モニタリング計画

	頻度	内容
1	月次	・取引金融機関様に残高試算表を送付します（当月分を翌々月初に送付します）。
2	3ヶ月に1度	・メイン行様に計画と実績の比較分析、アクションプランの進捗状況を報告します。
3	決算期	・取引金融機関様に計画と実績の比較分析、アクションプランの進捗状況を報告します。 ・取引金融機関様に決算書を送付します

A-2-7（中村中）：おっしゃることはよく分かります。確かに、この内容だけでは、経営改善計画に対する実現可能性に問題がありますね。予実相違が生じたときのモニタリングとしても、雑駁過ぎると思います。複数行取引における幹事行としては、他行の審査部などからはクレームを受けるかもしれませんね。

　実施計画における「経営改善計画に関する具体的な施策の効果」については、実施時期や実施責任者などを記載し、数値で進捗状況を示していますので、形式的には良いと思いますが、実施・遂行のフォローとしては荒すぎるように思いますね。実施計画は、短期的に実行可能な業務改善レベルのもの、または長期的に取り組むべき経営改革レベルのものなどが考えられますし、それぞれの施策で相互作用や優先順位が交錯するものもあります。やはり、部署毎に、セグメント計画が必要だと思いますね。

　また、これらの実施計画の内容は定期的にモニタリングで進捗状況を確認することになりますが、モニタリングによって検証する内容は、前もって、具体的なアクションプランに落とし込んでおくことが理想的ですね。たとえば、この「経営改善計画の具体的な内容」については、企業の内部組織に落とし込み、少なくとも四半期または半期に一度のモニタリングを実施することが望ましいと思いますね。この様式では、別途細目に分けた「モニタリング報告書」でも作成することが必要とも思われます。

　また、「経営改善計画に関する具体的な施策の効果」の項目の「実施責任者」を決定するときは、理想的には、当該企業の組織を見直して、新組織の部署の責任者にするべきですね。以後の「モニタリング体制」を想定して、新組織とその実施責任者を決定することが望ましいことだと思います。実は、経営改善計画は5～10年を展望した「改善」を主眼とした計画ですから、組織や態勢の変更は金融機関の本部・審査部としては、当然のことと思っていると考えられます。

バンクミーティングなどで経営改善計画を説明し、各金融機関に承認をもらうとしたならば、その各金融機関の承認条件は「モニタリングの励行ないしはモニタリング体制の構築」と「計画フォローのためのバンクミーティングの開催と実績報告」になると思います。

　そのためにも、この「経営改善計画に関する具体的な施策の効果」や「モニタリング計画」はもう少し詳細なものを別途用意することが必要だと思います。

【補足】
　経営改善計画策定支援業務は計画を策定して完了するというものではなく、計画を会社が実行し、その結果をモニタリングし、計画上の借入金返済を問題なく行える状態にすることがそもそもの目的であることは十分理解していただけていると思います。従って、モニタリング体制を加味しない計画の策定は実効性の乏しいものとなる可能性が高いことに十分留意する必要があります。

【ポイント】
モニタリングは、予実差異が生じたときの対策や経営改善計画の実効性を担保できる内容であることが必要である。

Q-2-8 新組織とセグメント計画

（本部・審査部の企画統括のメンバー）：サンプルＡで示さた「経営改善計画に関する具体的な施策の効果」や「モニタリング計画」はもう少し詳細な資料などを別途用意して、提出していただきたいと思いますが、実際、取引先企業にどの程度の資料を要求してよいか分かりません。特に、現在の組織と経営改善計画実行時の組織図と、企業の内部の部署が作成するセグメント計画については、サンプルＡにも示され

ていません。その点をアドバイスしてください。

A-2-8(中村中)：サンプルAで示されていない以上、その作成フォームは自由です。

経営改善計画実行のための企業内組織や、その組織の部門が作成するセグメント計画（部門計画）については、以下にお示しします。ただし、この企業はサンプルAや山田工業株式会社とも関係のない、架空の株式会社東洋△△△△△という企業のケースです。どうぞ、ご参考にしてください。

経営改善計画実行のための新組織図（例）

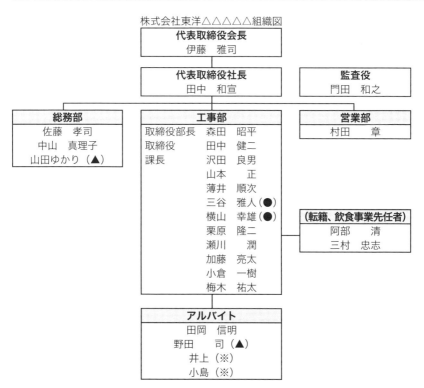

(●) 遺跡工事部門整理のため3月退職予定
(▲) 3月退職予定
(※) ○○建設元専務、積算部長。民間受注の営業を展開。

経営改善計画実行のための新組織の部門ごとのセグメント計画(例)

セグメント計画
工事部
単位:円

勘定科目名	H19.8.31	比率	H20.8.31	比率	H21.8.31	比率
完成工事高	905,735,216	87.46	867,112,129	86.39	1,021,892,895	87.16
不動産売上高	0	0.00	0	0.00	0	0.00
兼業売上高	129,941,908	12.55	137,132,343	13.66	150,494,828	12.84
レストラン売上	0	0.00	0	0.00	0	0.00
売上値引・戻り高(△)	19,000	0.00	538,103	0.05	10,953	0.00
売上高	1,035658,124	100.00	1,003,706,369	100.00	1,172,376,770	100.00
期首棚卸高	0	0.00	0	0.00	0	0.00
不動産仕入高	0	0.00	0	0.00	0	0.00
レストラン仕入高	0	0.00	0	0.00	0	0.00
仕入値引・戻し高(△)	0	0.00	0	0.00	0	0.00
当期完成工事原価	730,006,367	70.49	733,015,907	73.03	938,313,996	80.04

【補足】

　セグメントの設定は、地域別、部門別、事業別、製品商品種類別など様々な方法がありますが、計画の進捗を確認することができる方法を採用する必要があります。つまり、責任、権限、業績が明確に区分できることが望ましいため、利益を生み出すために独立して計数管理できる単位で、セグメントとそれに対応する組織図を設定することが必要となります。

【ポイント】

計画の実現や有効なモニタリングを実施するためには、必要に応じて計画実行後の組織図やそれに紐付くセグメント計画を作成する必要がある。

第3章

個別経営改善計画への税理士と金融機関の連携・交渉の実務

1 本部・審査部の審査ラインからの要請事項

　金融機関の本部・審査部といっても、その中には企画や統括の業務を行うグループと、実際に担当支店から申請（稟議）が上がってきた案件の審査・ダブルチェックを行うグループの2つのグループがあります。

図表3-1　銀行・信用金庫・信用組合の組織のイメージと貸出案件の決定フロー

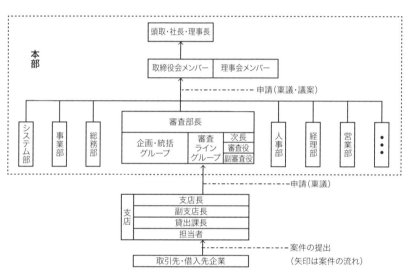

　第2章では、金融機関の本部・審査部の企画・統括業務を行うグループからの質問に対する回答をまとめましたが、この第3章は支店の案件を直接処理する審査ライン担当からの要請に対して回答することにします。このラインの担当者は、常日頃、支店から上がってくる稟議を、支店の貸出担当者や貸出課長また支店長とやり取りをしながら、審査部長の承認を取る業務を行っています。ということで、中小企業と接する貸出担当者や支店長などの考え方や気持ちを把握でき、個別の取引企業の事情まで考慮できる本部のメンバーといえば、この審査部ラインの担当

者ということになります。

　そこで、税理士・公認会計士・認定支援機関の先生方が、金融機関と連携を取るための交渉を行う場合は、その入り口は、本部・審査部の「企画や統括業務を行うグループ」となりますが、実際に取引先企業の個別経営改善計画策定支援に関して、税理士と金融機関の連携を組む場合の本部・審査部のメンバーは、「審査ライン」の担当者になります。

　したがって、私（中村中）は、「審査ライン」の担当者に対して、「企画や統括業務を行うグループ」の幹部に行った、第２章の「Q&A」の内容を理解してもらった後に、我々税理士の勉強会メンバーに対する要請を出してもらうことを依頼しました。実際に、税理士などの先生が、個別の中小企業の経営改善計画などの案件について、金融機関の本部・審査部の審査ラインの担当者と交渉することを想定すれば、第２章の総論に対しても、またこの章の個別要請事項である各論に対しも、説明や交渉を行っていかなければなりませんので、その場合の心構えや知識も必要になります。

　税理士試験・公認会計士試験に合格しても、実際の中小企業の法人税申告をこなすためには、かなりの経験が必要なはずです。新人のころは、直接顔を合わせる中小企業の経営者・財務担当者また税務署の担当官の意見や質問・要請事項を一つ一つ聞いて、一生懸命に対応していたと思いますが、出来栄えはいまひとつで不安ばかりが残ったかもしれません。その後、経験を積み、相手の背景を理解することによって、ポイントを得た確定申告を、しかも短い時間で処理することができ、達成感と満足感が味わえるようになったと思われます。

　経営改善計画に関して、金融機関との連携や交渉も、同様であると思います。まして、本部・審査部との交渉については、しばらくの間は、なかなか達成感は得られないかもしれません。相手は、金融機関の内部においても、貸出のプロといわれている人材であり、それなりの経験も積んでいます。税務署のベテラン担当官のような存在かもしれません。

そこで、この章では、本部・審査部の審査ラインの方々の要請事項を一つ一つ考えて、その要請を行う審査ラインのメンバーの背景を含めながら、銀行OBである中村中が解説します。と言いますのは、税理士等の勉強会メンバーに、以下の質問や要請事項をお見せしたところ、審査ラインの方々は何故それらの要請を行い、どの程度の資料を提出すれば、満足してくれるのかというような、金融機関に関する突っ込んだ質問が集中したからです。

　ちなみに、その金融機関の場合は、「企画や統括業務を行うグループ」が5～6人に対して、「審査ライン」は70～80人の人数になっています。「企画や統括業務を行うグループ」の幹部の方は、数週間を掛けて、大人数の「審査ライン」の担当者の方々から要請事項を集めてくれました。「審査ライン」の担当者の皆様は、日々、大量の案件を処理している上に、第2章の「Q&A」の内容を理解していただいた後に、以下の要請事項を提出してもらいました。これらの要請事項は、以下の通り、短い言葉に要約されていますが、その裏にはかなりの実例が積み上がっていることが想像されます。

ご質問・要請事項の内容

〈計画書全般に関する要請事項〉
① 計画策定期間中に、資金繰りに変調を来たすことがないように、資金繰りを見ながら計画策定に要する期間を調整していくことが必要。
② 銀行側→資金繰りを注視
　税理士側→計画策定に向けたスケジュール管理
などのように、支援機関各々の役割分担を明確にしたい。

〈計画書の個別項目への要請〉
③ 企業の沿革などは、可能な限り細かい記載が望ましい。
④ 「窮境にいたった要因」と「その改善策」が分かるように、文章

での記載が望ましい。
⑤　P/LやB/Sの過去実績は、単なる数字の羅列ではなく、その内容に対し各勘定科目ごとにコメントをつけることが望ましい。
⑥　人件費削減や不動産売却などの施策については、具体的に数値を記載し、実行可能性について言及してあることが望ましい。

【例】
・人数……○時点　△名からいつまでに□名まで減らす
・金額……人件費が○円から△円に減る（通年寄与はいつから）
・役員報酬‥○名△円から、○名□円へ、いつから減らす
・不動産……簿価いくらの何に使っている何を、○円で売り△円返済に充当する
・既に削減実施済みである
・○月より実施予定

⑦　計画の目標地点を、文章で書いてあることが望ましい
・どの時点で、何がどのようになっている、という状況を目標とする
・○期時点で償還年数△年・債務超過解消年数□年となっている、等具体的な記載が必要

　おそらく、支店から、「経営改善計画とその計画から生じるキャッシュフロー・正常返済額」の稟議が審査ラインに提出された場合は、この①～⑦の要請事項の調査や補足説明の依頼が審査ラインから支店に戻され、次に支店担当者から各中小企業に宿題として伝言されることになると思います。その宿題の大半は、税理士・公認会計士・認定支援機関に相談され、再検討と資料の再作成が行われることになると思います。そのためにも、審査ラインの立場や考え方を把握しておけば、このような要請事項を前もって、経営改善計画の中に組み込んでおくことができるようになります。

2 本部審査ラインの要請事項に関する有志税理士とのQ&A

　金融機関と太いパイプを作って、中小企業支援の相乗効果を目指す、十数人の税理士等の勉強会メンバーは、本部・審査ラインの要請事項に対し、金融機関OBの中村中に、以下のような質問を投げかけました。中村中としては、審査ラインが、何故にそのような要請事項を、税理士などに提案してくるか、その背景も解説しながら回答を行いました。

〈計画書全般に関する要請事項〉

Q-3-1（税理士等勉強会メンバー）：なぜ、審査ラインの方は、資金繰りについて「計画策定期間中に、資金繰りに変調を来たすことがないように、資金繰りを見ながら計画策定に要する期間を調整していくことが必要」という要請事項をわれわれに求めるのでしょうか。資金繰りなどは、長期間の経営改善計画の策定にはあまり関係ないと思いますが。

A-3-1（中村中）：実は、計画策定中に、資金繰りが苦しくなる先はかなりあります。その時、相談するのは金融機関であり、資金支援を決定するのも、同じ本部・審査部ラインです。この審査部ラインに、数ヶ月後に長期の計画を出したならば、「短期の資金繰りができない先に、計画など作成しても守れるはずがない」と一刀両断に否認を受けることになると思われます。少なくとも、経営改善計画が本部審査部の承認を受ける数ヶ月の間の資金繰りはゆとりを持って手元資金を潤沢にしておくべきです。そのためには、返済猶予をお願いすることも、一策です。

　では、このような質問を審査部ラインが行う背景を述べていきます。
　金融機関では、貸出や条件変更を行う場合、意思決定者は貸出後の借入残高や貸出期間また条件変更の難易度によって異なります。支店

長が最終意思決定者になっている場合、その申請を「査定」と呼び、その金額や期間・難易度を越えれば、その申請を「稟議」と呼んでいます。金融機関の内情を描いたTVドラマ「半沢直樹」以来、この稟議という言葉が一般化されましたが、金融機関ではこの「稟議」の案件は、なかなか最終意思決定者から承認を取り付けられない難しい案件と見られています。

　しかし、この稟議であろうと査定であろうと、金融機関は取引中の中小企業から借入れ実行や条件変更などの要請があれば、その稟議書（申請書）の起案者は支店の担当者または課長に決められています。ついては、査定の場合、その起案者は、その上司の課長・副支店長などの数人の了解を取り付けて、支店長の承認を得ればよいので、起案から承認まではそれほどの時間は要りません。また、その了解者や承認者は同じ支店にいますから、意見交換も容易にでき、その最終意思決定も短時間にできます。

　一方、稟議については、その起案者は査定と同じ貸出担当者であろうとも、その承認は本部の審査部長になります。起案者の書いた稟議書は支店の課長・副支店長と支店長の承諾を得て、その後に本部・審査部の副審査役・審査役・次長と回覧され、最後に審査部長の承認をもらうことになります。しかも、審査部の副審査役・審査役・次長と部長は、支店の貸出担当者は一面識もないことが普通ですし、この稟議書が承認されるまでに、面と向かって話し合うこともありません。全てのポストの人々は書面だけで案件の諾否の判断をします。起案者の支店の担当者にとっては、了解や承認を取り付けるポストにいる人材はほとんどが上司で、知識もスキルも自分よりも高いレベルの人々です。したがって、稟議の起案をするために、支店の貸出担当者は、相当の時間を掛け緊張しながら検討しますし、課長も副支店長も支店長も担当者の作成した稟議書を、本部・審査部の専門家の了解や承認を取るために、やはり時間を掛けて吟味します。これが、本部・審査

部に上がっても、その金融機関の内部でトップクラスの審査スキルや知識を持った審査部長の承認を得るためには、副審査役・審査役・次長も相当の時間を費やして検討をします。

　このような稟議書の回付については、個人事業主や小さな中小企業の方々は金融機関内部の些細な出来事に見えるかもしれませんが、実際、銀行員にとってはかなり緊張する出来事なのです。この稟議書の回付や携わる人々やポストの役割・特徴などを理解するか否かで銀行交渉は大きな差が出てきてしまいます。

　ドラマ「半沢直樹」が、大阪西支店で西大阪スチールに５億円の融資をしたときの光景を思い出してください。半沢直樹は、業績が不透明な西大阪スチールに５億円の貸出をしたくありませんでしたが、上司の浅野支店長が強引に半沢直樹課長に理不尽な命令を出しました。本来ならば、半沢課長の部下の課員が稟議書を作成しなければなりませんでしたが、男気のある半沢課長が自らその稟議書を書きました。また、本部・審査部も時間を掛けて文書による稟議書の検討をするべきときに、支店の半沢課長が本部の審査部に出かけて、承認を急がせてしまいました。これらの半沢直樹の行動は、全てじっくり時間を掛けて、一つ一つの階段を上がるように、支店や本部で皆で検討するという銀行の一般的な仕来たり・慣習を壊すものでした。

　その半沢直樹の行動を逆手に取ったのが、出世意欲が満々で陰険な上司の浅野支店長であったのです。その半沢課長は、銀行外部の人々にとっては、お客様思いで部下思いの人間味豊かで行動力のある人に見えたかもしれませんが、金融機関の仕来たりを熟知している浅野支店長は、「半沢課長は銀行のルールを守らない独断専行の人材」と銀行内部に言いふらしてしまったのです。金融機関には、稟議になった場合は、時間を掛けてじっくり検討するという文化があります。

　このことは、現在の金融機関の信用を守るためには必要であると、

多くの銀行員は思っていますし、そのために、実際に信用が堅持されていると言われることもあります。このように、金融機関内部の「稟議」は時間が掛かり、その回付についてはそれぞれのポストの者が独立して判断をすることになっています。そこで、「審査ライン」の担当者は、税理士・公認会計士に「計画策定とその検討に要する時間を考慮して、取引先の資金繰りに注意をしてください。その計画策定・検討の期間中に、くれぐれも資金繰りの不足が生じないようにしてください」と述べているのです。すなわち、金融機関に経営改善計画を提出して、正常な返済をつけたいと思うならば、支店の貸出担当者は稟議書を作成してから、支店の内部で検討を加え、本部・審査部で吟味をするので、かなりの時間がかかると金融機関の審査ラインは見ているのです。その間には、絶対に、資金繰りの枯渇が生じないように手元資金を潤沢にしなければなりません。経営改善計画と正常返済に関しては、金融機関は長い検討時間が必要になりますから、少なくとも、その間の資金繰りだけは、きっかり立てておいてくださいという要請事項です。

これは、債務者として、肝に銘じておくことであると思います。

【ポイント】
金融機関の稟議にはかなりの時間がかかることを想定し、それまでの間の資金繰りを考慮してスケジュール管理を行うことが重要である。

Q-3-2（税理士等勉強会メンバー）：何故、あえて審査ラインは、「銀行側は資金繰りを注視し、税理士側は計画策定に向けたスケジュール管理をキッチリ行い、支援機関各々の役割分担を明確にしたい」と述べたのでしょうか。審査ラインは、共同で企業支援を行うことだと思います。銀行側と税理士側でどんな制約があり、何故、「役割分担を

明確にするべき」ということになったのでしょうか。

A-3-2（中村中）：この要請事項は、中小企業を支援するに当たり、銀行と税理士側との間でそれぞれに制約があるので、相互に役割分担をしましょうということです。銀行としては、資金繰りの問題に対しては、毎月の返済金額を少なくすることや返済猶予を行うこと、また短期の繋ぎ資金の支援など可能であると思います。しかし、計画の策定に対しては、中小企業自身または税理士の支援にお願いする以外には手段はないと考えていると思います。もちろん、一行取引先であったり圧倒的主力先である場合は、金融機関対企業が1対1の関係で、貸出条件などを容易に変えられますが、複数行取引のケースは、その調整が難しくなります。

多くの中小企業は、複数行から借り入れており、金融機関としては、その協調融資の金融機関に独占禁止法の制約があるために、貸出条件の調整が事実上できません。また、金融機関としては、企業の内部に入って、企業の組織変更や内部の部署のメンバーとの交渉までは、実際できませんし、計画策定後のモニタリングも、内部の部署に踏み込んでまで行うことはできません。

しかし、税理士は、綱紀規則第25条（業務侵害行為の禁止）に象徴されているように、中小企業取引は1対1の関係にあります。また、地域に密着しており、会計の知識もスキルも高く、経営計画の策定支援には、有利な立場にあります。そこで、銀行と税理士側で得意な分野を、資金繰りと計画策定と認識して、それぞれに役割分担をしましょうという要請です。

税理士側としても、このサービスに対して、妥当な報酬を企業から受け取ることが見込まれるならば、このことは受け入れられる提案と思われます。

第3章　個別経営改善計画への税理士と金融機関の連携・交渉の実務

> 【ポイント】
> 金融機関の制約を理解し、計画策定の取りまとめ、複数金融機関調整を税理士・公認会計士が主体となって実施する必要がある。

〈計画書の個別項目への要請〉

Q-3-3（税理士等勉強会メンバー）：企業としては金融機関ならば当然把握していると思われる沿革など企業の概要について、何故、「③企業の沿革などは、可能な限り細かい記載が望ましい」と、審査ラインはあえて要請するのでしょうか。

A-3-3（中村中）：実は、金融機関の内部における企業概要情報は充実していません。金融機関の支店の貸出担当者は、転勤があり企業情報はその前任者ほどには深くないと思いますが、貸出関連以外の企業情報は「今更聞けない」という自負心があります。また、本部や内部検査からの要請も強くはありません。さらに、各金融機関の取引先ファイルの中にある取引概要表は、定型フォームのためか、メリハリのある情報が記載されていません。とは言うものの、この取引概要表が雑駁であっても本部の審査ラインは直接取引先に聞くことはできませんし、担当先を訪問して、実態を把握することも不可能です。そのために、それぞれの金融機関の本部としては、取引先ファイルの取引概況表の情報だけでは、取引先のイメージや再生の方向性は掴めません。まして、当該企業の業界内部での位置付けやその業界の最近の動向などの外部環境分析はほとんど記載されていないようです。

　既に取引先に深く入り込んでいる税理士などから、審査ラインのメンバーは、企業のタイムリーで広範囲の情報を求めています。経営改善計画の策定時には、金融機関の審査ラインとしてどの分野の情報が必要か、ざっくばらんに聞くことをお勧めします。または、日頃面識のある支店の担当者に、本部の審査ラインのメンバーに必要な情報を

聞いてもらうことも大切です。

> 【ポイント】
> 経営改善計画書には、金融機関が当然に認識していると思われる企業情報についても記入し、最新かつ網羅性のある内容となっていることが必要である。

Q-3-4（税理士等勉強会メンバー）：本来、経営改善計画は、この「窮境にいたった要因」と「その改善策」が中心テーマとなりますが、何故、あえて審査ラインは、窮境にいたった要因と改善策を文章で記載することを要請したのでしょうか。

A-3-4（中村中）：金融機関の内部では、部下が上司に決裁をもらうために、経営改善計画のようなボリュームのある書類では、その要約版を作成することが多くなっています。要約版の特徴は、主要な項目に対して箇条書きで要点を書くことです。「窮境にいたった要因」と「その改善策」は、明らかに経営改善計画の主要項目ですので、どうしてもその内容を詳しく文章で説明してもらうことを期待します。おそらく、その説明文書を上司に対して箇条書きにして、報告することだと思います。

> 【ポイント】
> 「窮境にいたった要因」と「その改善策」は、経営改善計画の主要項目であり、担当者が上司に要約して報告することを考慮して文章にてしっかりと記載する必要がある。

Q-3-5（税理士等勉強会メンバー）：金融機関の本部の担当者ならば、経験豊富なスキルの高い人材に思いますが、何故、「⑤P/LやB/Sの

過去実績の内容に対し、あえて、コメントをつけることが望ましい」などと言うのですか。

A-3-5（中村中）：確かに、金融機関の本部の審査ラインの担当者は、スキルが高い人材ですが、その処理件数は膨大になっています。その上に、当該企業を訪問していないことが多いと思いますので、そのP/LやB/Sの過去実績の数値は平面的にしか見えず、立体的には捉えきれません。そこで、その勘定科目に関して、コメントをつけることを求めているのだと思います。中小企業の支援者である税理士・公認会計士などの先生ならば、数値を立体的にとらえておりますので、重要な勘定科目については把握されていると思います。したがって、経営改善計画のP/LやB/Sの過去実績報告の勘定科目の横に空白を作って、コメントを入れることをお勧めします。

【ポイント】
過去実績についても経営改善計画の実行可能性を判断する上で**重要**となる情報であるため、必要なコメントを付すことが金融機関にとって参考となる。

Q-3-6（税理士等勉強会メンバー）：企業の将来を語る時は、まず、売上の見通しが最も気になりますが、金融機関の審査ラインの方は、どうして、コストや資産処分の報告を求めるのでしょうか。「⑥人件費削減や不動産売却などの施策については、具体的に数値を記載し、実行可能性について言及してあることが望ましい」と言われ、その書き方まで以下のように例示しているのでしょうか。
【例】
・人数……○時点　△名からいつまでに□名まで減らす
・金額……人件費が○円から△円に減る（通年寄与はいつから）

- 役員報酬‥○名△円から、○名□円へ、いつから減らす
- 不動産‥‥簿価いくらの何に使っている何を、○円で売り△円返済に充当する
- 既に削減実施済みである
- ○月より実施予定

A-3-6（中村中）：金融機関は、再生案件に接すると、その効果が数値で短期間に出て来ることを期待します。売上については、販売先や景気動向で当該企業の努力範囲外になるために、短期間に効果が数値に出て来ないと思っています。コストや資産処分については、企業自身が自力で比較的容易に、具体的な期日や金額として数値で出すことができると思います。とは言っても、これらの数値は、一般的には、売上に連動して動かすもので、コストや資産処分を第一に考えて計画を立てるケースは、稀と言えます。特に、人件費の圧縮は雇用の削減に繋がりますので、リレーションシップバンキング（地域密着型金融）の観点からは望ましくありません。どうしても、これらの数値のみを、審査ラインが求めるようでしたら、その数値には、売上増減などの前提条件を付言しておくことをお勧めします。かつて、この期日や金額がモニタリングの大きな目標にされ、当該企業が経営改善計画から離れて、縮小均衡に入ってしまったケースもありました。注意をする必要があります。

【ポイント】
コスト削減や資産処分がモニタリングの目標にならないように、これらの数値に売上増減などの前提条件を付すことを検討する。

Q-3-7（税理士等勉強会メンバー）：金融機関に対して、数値目標を提示すると、その数値目標が独り歩きすることがあり、その目標に至るプロセスを余り見てもらえないことがありました。「⑦計画の目

標地点を、文章で書いてあることが望ましい。どの時点で、何がどのようになっている、という状況を目標とすること、また、○期時点で償還年数△年・債務超過解消年数□年となっている、等の具体的な記載が必要」と言われますが、このような数値目標を、経営改善計画に明記することは、支援先の中小企業が拘束される心配があります。どのようにするべきですか。

A-3-7（中村中）：おっしゃることは、よく分かります。「計画の目標地点を、文章で書いてあることが望ましい」と言われたとしても、目標が売上金額か、コスト削減金額か、また利益金額か、などということは、途中プロセスであって、むしろ、当面の金融機関の目標は全ての金融機関への正常返済だと思います。現在、返済猶予などの先40万社に正常返済をつけることが当面の金融機関の喫緊の課題です。金融機関としては、金融庁の監督指針などに書かれているように、正常先ないしは要注意先に回復するのが5～10年後であり、債務超過が解消するのは5年以内という目途値がありますので、当面は、この努力目標を頑張る必要があると思います。しかし、「どの時点で、何がどのようになっている、という状況を目標とすること」などという多くの新しい数値目標をあえていくつも設定する必要はないと思います。経営改善計画と整合性のある数値目標ならば、良いと思いますが、たぶんその数値目標は、新組織への変更を行い、新たな部署でセグメント計画を作成することによってできるものと思います。

とは言うものの、審査ラインとして、どうしてもその他の数値目標を求めるようならば、その数値目標の設定によって、経営改善計画に沿った行動に支障をきたすことがないように十分注意するべきです。一策としては、新部署によるセグメント計画をその他の数値目標にすることを提案しては如何でしょうか。とにかく、経営改善計画と整合性のない数値目標を金融機関にコミットすると、以後のモニタリングにおいて、企業サイドに説明負担が増えることがあり

ます。この数値目標が未達になったときに、全体的には経営改善計画が順調に進んでいたとしても、この部分未達・一部の数値計画の未達に対し不毛な説明や言い訳を金融機関に求められることが多々あるからです。審査ラインのメンバーが転勤すると、全体像を理解していない、その後任の担当者に、数値目標の未達について、追及されるケースがあるからです。

【ポイント】
計画の目標地点の記載については、本来目的である正常返済に支障をきたすことがないように十分注意を行うことが重要である。

3 勉強会メンバー税理士から金融機関への回答例

　金融機関本部・審査部の審査ラインのメンバーは、取引先との間に支店が入り、支店の貸出担当者が自分たちより経験やスキルも劣っていることから、教育的な立場で、多くの要請事項を出す傾向にあります。ここでの要請事項も、的を射た内容もありますが、そこまで必要かと思うような、かなり細か過ぎるものも出てきます。

　そこで、借り手企業や税理士・公認会計士などの支援者としては、要請される詳細な資料までは出す必要はないのではないか、どの程度まで細目を記載した資料を出すべきなのか、などと疑問に思われる場合もあります。このような場合は、貸出課の担当者を通して、または、直接、**審査ラインのメンバーに、その要請事項の資料提出の真意を聞くことも重要です**。このような時、審査ラインが求め、企業サイドが提出する資料のイメージをすり合わせるためには、ボリュームのある経営改善計画のサンプルを両者で検討することも、一つの解決策にはなります。

そのボリュームのある経営改善計画のサンプルとしては、筆者中村中編著の『金融機関から高評価を得た「経営改善計画書」事例集』『金融機関から高評価を得た「経営改善計画書」事例集Ⅱ』『経営改善計画書の合意と実践の第一歩「バンクミーティング」事例集』に書かれた事例（各著書それぞれ5事例掲載）を選ばれることをお勧めします。ここに収められた事例は、㈱ファインビットが実際に行った事例であると同時に、各金融機関の本部の審査ラインにも十分納得してもらった内容ばかりです。しかも、企業名・役員名や計数をコンサル内容が分かる程度に変更してあります。再生案件の事例紹介は多々出版されていますが、金融機関の審査部の内部ファイルに保管されている書類と同程度の情報を同様な様式で記載している事例は、この3つの事例集以外にはありません。もちろん、金融機関の審査部のファイルには、同程度の情報、またはそれ以上の内容のものもありますが、取引先の「生（なま）」の情報を公表することはできませんので、この事例集が、行政機関や各金融機関に常備されるようになったのです。金融機関の本部・審査部との交渉において、『何故、ここまでの企業情報を書類化して出さなければならないのか』と思われたときは、当該企業の経営改善計画に近い事例をこの事例集から選んで、今後提出を求められている資料の詳細度を両者（金融機関と税理士など）で認識し合うことをお勧めします。その後の資料作成の負担軽減になると同時に、その資料の提出根拠も審査部などに教えてもらうことができると思われます。

　では、上記要請事項に対する回答例を、以下に述べていきます。

〈全般〉
① **計画策定期間中に、資金繰りに変調を来たすことがないように、資金繰りを見ながら計画策定に要する期間を調整していくことが必要**
　　⇒「中小企業庁のサンプルAの資金実績表」の作成を行います。この資金実績表で、資金繰りのアウトラインは把握できます。

経営改善計画書のサンプル【原則版】　　　　認定支援機関作成支援⇒社長検証

《資金実績表》

1. 平成24年9月期（前期実績）　　　　　　　　　　　　　　　　　　　　（単位：千円）

平成24年9月期	前年繰越	10月	11月	12月	1月	2月	3月	4月	5月	6月	7月	8月	9月	計
売上高		30,624	33,857	37,774	38,480	27,784	34,538	29,421	27,446	21,744	17,260	12,250	11,066	322,243
借入		-	-	-	46,425	115,385	-	-	-	38,462	-	-	20,765	221,037
返済		20,430	4,658	4,732	3,946	18,402	4,732	3,952	3,450	5,512	19,108	4,740	4,601	98,261
借入金残高	238,361	217,931	213,273	208,541	251,020	348,003	343,272	339,320	335,870	368,820	349,713	344,973	361,137	361,137
現預金残高	81,514	62,382	54,869	47,267	90,560	68,828	68,170	75,243	67,272	100,515	75,853	33,646	39,261	39,261

2. 平成25年9月期（今期実績・見通し）

		実績	実績	実績	実績	見通し	見通し	見通し	見通し	見通し	見通し	
平成25年9月期	前年繰越	10月	11月	12月	1月	2月	3月	4月	5月	6月	7月	計
売上高		8,147	8,888	11,613	13,746	10,449	8,996	11,679	12,263	12,876	13,520	112,178
借入		38,295	-	-	-	-	-	-	-	-	-	38,295
返済		38,781	7,528	597	-	-	-	-	-	-	-	46,905
借入金残高	361,137	360,651	353,124	352,527	352,527	352,527	352,527	352,527	352,527	352,527	352,527	352,527
現預金残高	39,261	23,129	21,834	23,770	16,399	21,493	26,920	31,675	32,241	33,699	35,462	35,462

(注) 平成24年12月中に返済猶予の要請を行い、元金の支払いを停止している。

3. 平成25年9月期（仮に返済猶予が行われなかった場合）

		実績	実績	仮	仮	仮	仮	仮	仮	仮	仮	
平成25年9月期	前年繰越	10月	11月	12月	1月	2月	3月	4月	5月	6月	7月	計
売上高		8,147	8,888	11,613	13,746	10,449	8,996	11,679	12,263	12,876	13,520	112,178
借入		38,295	-	-	-	-	-	-	-	-	-	38,295
返済		38,781	7,528	7,520	6,154	6,538	7,692	5,385	6,308	6,538	6,077	98,521
借入金残高	361,137	360,651	353,124	345,604	339,450	332,911	325,219	319,834	313,527	306,988	300,911	300,911
現預金残高	39,261	23,129	21,834	16,847	3,322	1,877	▲387	▲1,017	▲6,759	▲11,840	▲16,154	▲16,154

　ただし、これ以上に詳しい「資金繰り実績・予想表」が必要な場合は、各金融機関で短期資金貸出の検討時に使う資金繰り表がありますから、支店担当者からその資金繰り表のフォームをもらって作成することをお勧めします。

② **銀行側→資金繰りを注視**
　税理士側→計画策定に向けたスケジュール管理

などのように、支援機関各々の役割分担を明確にしたい。

⇒事前に経営改善計画書の構成から役割分担、スケジュールを作成し、メンバーで共有します。例えば、認定支援機関への研修の参考文献として配布された『金融機関から高評価を得た「経営改善計画書」事例集Ⅱ（中村中・久保田博三・渡邊賢司編著、TKC出版・平成24年9月3日発行）』の各事例の目次を示して、それぞれの項目を各支援機関がいかに役割分担し、その項目毎の内容や期限を決定し、一覧表に作成することも一策です。事例集の各事例の目次に沿って、経営改善計画書を作成する場合は、下記のようになります。

事例1の項目	役割内容	担当者	期限	コメント
Ⅰ．会社概況	1．会社概況	中村税理士	3月10日	会社パンフレット入手
	2．株主構成	山田税理士	3月10日	株主名簿入手
	3．経営理念	中村税理士	3月15日	
	4．沿革	山田税理士	3月10日	会社パンフレット入手
	5．組織図	山田税理士	3月10日	
Ⅱ．過去の業績の推移		中村税理士	3月20日	10期間を対象
Ⅲ．外部環境分析		田中診断士	3月25日	
Ⅳ．内部環境分析		田中診断士	3月31日	
Ⅴ．借入・担保設定状況	1．金融機関別借入金	中村税理士	3月20日	
	2．担保設定状況	中村税理士	3月20日	不動産登記簿謄本入手
Ⅵ．経営戦略・施策	1．中期経営計画	中村税理士	5月10日	
	2．全社経営戦略	山田税理士	5月15日	
	3．全社経営施策	山田税理士	5月15日	
	4．部門別経営施策	山田税理士	5月15日	
Ⅶ．経営計画	1．計画実現への取り組み事項	中村税理士	5月20日	
	2．損益計画数値	山田税理士	5月20日	

⇒中小企業庁のサンプルAに準拠するならば、下記のような中小企業

支援の各チームの役割分担とスケジュールの管理表を作成することも一策です。

サンプルA項目	役割内容	担当者	期限	コメント
債務者概況表	① 対象者・概要	中村税理士	3月10日	
	② 財務内容及び問題点	山田税理士	3月20日	実態BS作成後に記入
	③ 業績推移等	山田税理士	3月20日	
概要	︙	︙	︙	︙
企業集団の状況	︙	︙	︙	︙
ビジネスモデル俯瞰図	︙	︙	︙	︙
資金実績表	︙	︙	︙	︙
︙	︙	︙	︙	︙
︙	︙	︙	︙	︙

〈計画書〉
③　企業の沿革などは、可能な限り細かい記載が望ましい

⇒中小企業庁のサンプルAの「債務者概況表の①対象先・概要」には「事業内容・沿革」の記入欄がありますが、この内容などをできるだけ詳しく報告してくださいという要請です。一般に「沿革など」は、「会社案内」「企業説明書」に無機質に列挙されていると思われがちですが、実は、審査ラインで経営改善計画を吟味するうえで、非常に大事な情報となります。

ちなみに、「沿革」とは、経営者の過去の意思決定の歴史が確認できますし、いつの時点でどのように事業展開などを行ったかということや過去の業績の推移を照合することにより、意思決定の結果を確認することができ、計画策定やその吟味に役立ちます。

サンプルAの債務者概況表には、役員及び株主構成の記載欄があります。その他に、このような欄に経営理念を言及することもありますが、いずれも、経営改善計画策定にあたり有用な情報となります。

ただし、これらの内容はどの程度詳しく書くのか、どの項目を詳細に説明するのか、金融機関の担当者や審査ラインのメンバーによって要求水準が異なります。そこで、どの程度のものを作成するべきかを決めるには、前記の事例集を使って、金融機関とすり合わせることも一策ということになります。

④ 「窮境にいたった要因」と「その改善策」が分かるように、文章での記載が望ましい

⇒一般的に考えられる窮境要因は、営業政策の失敗による過剰在庫、取引先の倒産による不良債権の発生、不動産投資の失敗、ゴルフ会員権投資の失敗、これらを原因とする過剰債務問題、一種の粉飾決算、中小企業にありがちな経営者のワンマン体制を牽制できないコーポレートガバナンスの欠如、市場環境の変化に対応できない社内体制等、様々な要因があります。その要因について、事業面、業務面、財務面等多面的に分析することが必要になります。

　窮境要因の絞り込みができましたら、それに対する問題解決の具体的施策を検討します。一般的には、甘い見通しは厳禁であり実行可能性の高い施策を選定します。

　その記載について、どの程度詳しい報告が必要か、又は、箇条書きにするべきか、などについて、金融機関の意向が分からない時には、以下の事例集を活用してください。特に、この「窮境にいたった要因」と「その改善策」については、繰り返しになりますが、認定支援機関の研修本の『金融機関から高評価を得た「経営改善計画書」事例集Ⅱ』（中村中・久保田博三・渡邊賢司編著、TKC出版・平成24年9月3日発行）において、第2事例ならば133〜139頁、第3事例ならば205〜218頁、第4事例ならば279〜283頁、第5事例ならば325〜333頁をご参考にしてください。

⑤ P/LやB/Sの過去実績は、単なる数字の羅列ではなく、その内容に対し各勘定科目ごとにコメントをつけることが望ましい

⇒過去の業績（損益計算書）と財産（貸借対照表）の推移は、企業が事業活動を行ってきた結果です。したがって、その推移を分析することは当該企業の真の実力を把握することでもあります。業績不振に至っている会社は何処にその真因があるのかを見極めなければならないため、直近10期分程度を時系列に比較し、過去の業績の要因を外部環境・内部環境の動向と合わせて分析し、過去実績についてコメントを行っておくと真の実力が浮き彫りになってきます。また、窮境要因により、どのような数字のインパクトがあり、それを取り除いた場合、どのような状況になったのかについて予測が可能となります。

⑥ 人件費削減や不動産売却などの施策については、具体的に数値を記載し、実行可能性について言及してあることが望ましい

【例】
・人数‥‥‥○時点　△名からいつまでに□名まで減らす
・金額‥‥‥人件費が○円から△円に減る（通年寄与はいつから）
・役員報酬‥○名△円から、○名□円へ、いつから減らす
・不動産‥‥簿価いくらの何に使っている何を、○円で売り△円返済に充当する
・既に削減実施済みである
・○月より実施予定

⇒人員削減や給与カットなどを施策とする場合は、従業員の士気や組織体制に注意を払う必要があります。ただ単に、「全体的に5％削減する」などと計画に織り込んだ場合、実行年度になって計画の達成が難しくなる場合が多く見受けられます。モニタリングにおいて、計画と実績のかい離が生じた場合について説明が必要であるため、

慎重な検討が必要です。また、遊休不動産の処分についても、売却可能性とその相場を不動産業者等への確認により事前に検討する必要があります。

実際は、④の「窮境にいたった要因」と「その改善策」の検討・立案を行う時に、上記の内容は、具体的に詰めることになります。

中小企業庁のサンプルAでは、実施計画の作成を行うことで、具体的な施策、実施時期、計画数値への影響を確認できます。更に詳細に、従業員数の推移や役員の構成と対応するコスト等について月次で計画を作成することも有用です。

⑦ **計画の目標地点を、文章で書いてあることが望ましい**
・どの時点で、何がどのようになっている、という状況を目標とする
・〇期時点で償還年数△年・債務超過解消年数□年となっている、等具体的な記載が必要
　⇒中小企業庁のサンプルAでは、計数計画の作成を行うことで、計画〇期目の状況が確認できます。作成した計画年度以降に債務償還や債務超過解消が行われる場合には、何期目に債務償還が完了するのか、債務超過が解消するのかについての記載をすることもできます。この内容を補足することも有用です。

| 経営改善計画書のサンプル【原則版】 | | | | | | | | | | | 社長作成 |

《実施計画》

経営改善計画に関する具体的施策の効果　　　　　　　　　　　　　　　　　　　　　　　（単位：千円）

	経営改善計画の具体的な内容	実施時期	実施責任者	科目	直近期 平成24年 9月期	計画0年目 平成25年 9月期	計画1年目 平成26年 9月期	計画2年目 平成27年 9月期	計画3年目 平成28年 9月期	計画4年目 平成29年 9月期	計画5年目 平成30年 9月期
1	営業体質強化	平成25年4月～	社長、営業部長	売上高	322,243	138,077	144,981	152,230	159,841	159,841	159,841
2	経費削減 役員報酬削減（実施済み）	平成24年9月	社長	役員報酬	29,615	9,338	10,062	10,062	10,062	10,062	10,062
	人員削減（実施済み）	平成24年9月	社長	賃金給与	116,283	55,633	56,144	56,694	57,250	57,809	58,375
	福利厚生費削減	平成25年4月～	管理部長	福利厚生費	3,166	109	109	68	68	68	68
	工場消耗品費削減	平成25年4月～	工場長	工場消耗品費	21,181	5,718	5,385	5,385	5,385	5,385	5,385
	接待交際費削減	平成25年4月～	社長	接待交際費	617	865	462	462	462	462	462
	地代家賃削減	平成25年10月～	社長	地代家賃	3,462	3,462	1,731	1,731	1,731	1,731	1,731
	保険料削減	平成25年4月～	管理部長	保険料	20,281	3,431	615	615	615	615	615
				計	194,605	78,555	74,507	75,016	75,572	76,132	76,698
3	旧工場の処分	平成24年4月～	管理部長	支払利息	7,255	7,178	6,864	6,572	6,342	6,069	5,740

モニタリング計画

	頻度	内容
1	月次	・取引金融機関様に残高試算表を送付します（当月分を翌々月初に送付します）。
2	3ヶ月に1度	・メイン行様に計画と実績の比較分析、アクションプランの進捗状況を報告します。
3	決算期	・取引金融機関様に計画と実績の比較分析、アクションプランの進捗状況を報告します。 ・取引金融機関様に決算書を送付します

第3章　個別経営改善計画への税理士と金融機関の連携・交渉の実務

経営改善計画書のサンプル【原則版】　　　　　認定支援機関作成支援

《計数計画》

損益計算書と課税所得

（単位：千円）	実績-2 平成23年 9月期	実績-1 平成24年 9月期	計画0年目 平成25年 9月期	計画1年目 平成26年 9月期	計画2年目 平成27年 9月期	計画3年目 平成28年 9月期	計画4年目 平成29年 9月期	計画5年目 平成30年 9月期
売上高	350,300	322,243	138,077	144,981	152,230	159,841	159,841	159,841
期首製品棚卸高	1,623	862	215	135	142	149	156	156
省略する								
特別損失	3,517	100	-	13,846	-	-	-	-
税引前当期純利益	44,257	▲23,132	▲25,761	▲24,826	▲1,243	4,462	9,171	10,428
法人税等	11,494	119	54	54	54	54	54	54
当期純利益	32,762	▲23,251	▲25,815	▲24,880	▲1,297	4,408	9,117	10,374
H24/9 発生		▲23,132	-	-	-	4,462	9,171	9,499
H25/9 発生			▲25,761	-	-	-	-	929
省略する								
欠損金の発生（▲）または使用		▲23,132	▲25,761	▲24,826	▲1,243	4,462	9,171	10,428
繰越欠損金残高		▲23,132	▲48,893	▲73,719	▲74,961	▲70,499	▲61,328	▲50,900
課税所得			-	-	-	-	-	-

(注) 計画3年目に経常黒字化している。

製造原価報告書

（単位：千円）	実績-2 平成23年 9月期	実績-1 平成24年 9月期	計画0年目 平成25年 9月期	計画1年目 平成26年 9月期	計画2年目 平成27年 9月期	計画3年目 平成28年 9月期	計画4年目 平成29年 9月期	計画5年目 平成30年 9月期
期首材料棚卸高	207	847	214	92	96	101	106	106
省略する								
経費	101,566	119,794	67,412	50,808	47,842	50,156	44,174	42,843
当期総製造費用	245,394	275,342	139,532	121,970	119,697	122,757	117,390	116,681
期首仕掛品棚卸高	1,064	423	13	6	6	6	6	6
期末仕掛品棚卸高	423	13	6	6	6	6	6	6
当期製品製造原価	246,035	275,751	139,539	121,970	119,697	122,757	117,390	116,681

販管費の内訳

（単位：千円）	実績-2 平成23年 9月期	実績-1 平成24年 9月期	計画0年目 平成25年 9月期	計画1年目 平成26年 9月期	計画2年目 平成27年 9月期	計画3年目 平成28年 9月期	計画4年目 平成29年 9月期	計画5年目 平成30年 9月期
役員報酬	26,851	29,615	9,338	10,062	10,062	10,062	10,062	10,062
省略する								
販管費	64,942	73,110	32,883	30,919	30,919	30,919	30,919	30,662

⇒中小企業庁のサンプルＡの図（160頁）の「実施計画」は、「（経営改善計画全体に対する）計数計画・具体的な施策」の具体的施策の効果を表現しています。この数値計画の5W1Hの文章で実証・根拠を補足することも、ここの要請事項の一つになります。

　やはり、中小企業庁のサンプルＡの図（161頁）「計数計画」の「損益計算書と課税所得」の当期純利益は、営業キャッシュフロー・フリーキャッシュフローなどの要因であり、返済財源の根拠になる数値であることから、この数値計画も、5W1Hの文章で、実証・根拠を補足することも、ここの要請事項の一つになります。

⇒次頁の図表は、貸借対照表の予測計画であり、やはり、5W1Hの文章で、実証・根拠を補足することも、要請事項の一つになります。

　また、164頁のキャッシュフロー計算書は、「要償還債務①」、「キャッシュフロー②」並びに「キャッシュフロー比率①÷②すなわち債務償還年数」は、金融機関としてポイントになる数値ですので、5W1Hの文章で実証・根拠を補足することも、要請事項の一つになります。

　更に詳細に計画の目標地点を、「文章で書いて、どの時点で、何がどのようになっているか」という状況を示すためには、組織図やセグメント計画などの関連資料の提出も必要と思います。新組織に基づくセグメント計画ならば、全体の経営改善計画と整合性が合うものであり、以後のモニタリング報告の際にも、大きな負担にはならないと思います。これらの点の具体的な記載については、やはり、審査ラインのメンバーと擦り合わせをすることが必要であると思います。

第3章　個別経営改善計画への税理士と金融機関の連携・交渉の実務

| 経営改善計画書のサンプル【原則版】 | | | | | | | | 認定支援機関作成支援 |

《計数計画》

貸借対照表（資産の部）

（単位：千円）	実績-2 平成23年 9月期	実績-1 平成24年 9月期	計画0年目 平成25年 9月期	計画1年目 平成26年 9月期	計画2年目 平成27年 9月期	計画3年目 平成28年 9月期	計画4年目 平成29年 9月期	計画5年目 平成30年 9月期
現金預金	81,514	39,261	53,986	46,197	51,170	57,358	64,969	69,201
受取手形	30,427	6,833	2,928	3,074	3,228	3,389	3,389	3,389
省略する								
長期前払費用	8,169	4,312	3,551	2,789	2,028	1,266	505	－
投資その他の資産	59,188	71,932	53,909	53,148	52,386	51,625	50,863	50,359
固定資産	205,401	355,973	310,279	268,523	252,572	238,963	226,643	215,641
資産合計	352,950	424,948	373,863	323,942	313,380	306,393	301,684	294,914

貸借対照表（負債・純資産の部）

（単位：千円）	実績-2 平成23年 9月期	実績-1 平成24年 9月期	計画0年目 平成25年 9月期	計画1年目 平成26年 9月期	計画2年目 平成27年 9月期	計画3年目 平成28年 9月期	計画4年目 平成29年 9月期	計画5年目 平成30年 9月期
支払手形	12,149	4,460	2,317	1,431	1,502	1,577	1,574	1,574
買掛金	2,841	239	124	77	80	84	84	84
省略する								
繰越利益剰余金	26,063	2,811	▲23,003	▲47,883	▲49,180	▲44,772	▲35,654	▲25,281
純資産合計	51,563	28,312	2,497	▲22,383	▲23,680	▲19,272	▲10,154	219
負債・純資産合計	352,950	424,948	373,863	323,942	313,380	306,393	301,684	294,914
【実質純資産の推移】								
帳簿上の純資産		28,312	2,497	▲22,383	▲23,680	▲19,272	▲10,154	219
① 滞留売掛金		▲769	▲769	▲769	▲769	▲769	▲769	▲769
② 不動産の含み損		▲13,846	▲13,846	－	－	－	－	－
省略する								
実質純資産		12,158	▲13,657	▲24,691	▲25,987	▲21,579	▲12,462	▲2,088
④ 社長所有不動産		5,000	5,000	5,000	5,000	5,000	5,000	5,000
中小企業特性反映後実質純資産		17,158	▲8,657	▲19,691	▲20,987	▲16,579	▲7,462	2,912

（注）中小企業特性反映後の実質純資産額は、計画0年目にマイナスに陥るが、計画5年目にプラスに転じている。

経営改善計画書のサンプル【原則版】　　　　　　　認定支援機関作成支援

《計数計画》

キャッシュフロー計算書

(単位：千円)	実績-2 平成23年 9月期	実績-1 平成24年9月期	計画0年目 平成25年 9月期	計画1年目 平成26年 9月期	計画2年目 平成27年 9月期	計画3年目 平成28年 9月期	計画4年目 平成29年 9月期	計画5年目 平成30年 9月期
税引前当期純利益	44,257	▲23,132	▲25,761	▲24,826	▲1,243	4,462	9,171	10,428
減価償却費	24,472	32,668	27,672	17,692	15,188	12,848	11,558	10,497
省略する									
法人税等支払	▲76	▲11,511	▲81	▲54	▲54	▲54	▲54	▲54
営業活動によるCF①	97,462	22,169	6,074	1,423	15,522	18,606	22,496	22,229
有形固定資産増減	▲51,043	▲170,496	▲0	225	0	0	0	0
省略する									
投資活動によるCF②	▲61,011	▲187,197	17,261	9,456	0	0	0	0
短期借入金増減	▲33,306	450	▲20,765	–	–	–	–	–
長期借入金増減	25,942	122,326	12,155	▲18,668	▲10,549	▲12,418	▲14,885	▲17,997
財務活動によるCF	▲7,364	122,776	▲8,611	▲18,668	▲10,549	▲12,418	▲14,885	▲17,997
現金預金増減	29,088	▲42,253	14,725	▲7,789	4,973	6,188	7,611	4,232
現金預金期首残高	52,426	81,514	39,261	53,986	46,197	51,170	57,358	64,969
現金預金期末残高	81,514	39,261	53,986	46,197	51,170	57,358	64,969	69,201
FCF①+②（注3）			23,335	10,879	15,523	18,606	22,496	22,229
FCF×80%			18,668	8,703	12,418	14,885	17,997	17,783
【キャッシュフロー比率の推移】									
有利子負債			352,527	333,858	323,309	310,891	296,006	278,010
▲現預金			▲53,986	▲46,197	▲51,170	▲57,358	▲64,969	▲69,201
▲運転資金			▲5,533	▲6,096	▲6,439	▲6,800	▲6,803	▲6,803
要償還債務①			293,008	281,566	265,700	246,734	224,235	202,006
留保利益（当期純利益）			▲25,815	▲24,880	▲1,297	4,408	9,117	10,374
減価償却費			28,434	18,454	15,950	13,609	12,320	11,002
引当金増減（注1）			▲420	835	835	835	831	831
キャッシュフロー②			2,199	▲5,591	15,489	18,853	22,268	22,206
キャッシュフロー比率①÷②（注1）（注2）			133.2	▲50.4	17.2	13.1	10.1	9.1

(注1)〈計数計画概要・具体的施策〉「数値計画の概要」では、キャッシュフローの算定に引当金増減を含めていないため、キャッシュフロー比率の計算結果が異なっている。
(注2) 中小企業特性反映後の実質債務超過時（計画5年目）のキャッシュフロー比率は9.1倍と10倍以下となっている。
(注3) 平成26年9月期（計画1年目）のFCF10,879千円には、旧工場の処分収入9,231千円が含まれており、これを除くと1,648千円となる。

第4章

税理士と金融機関本部の連携への勉強会

税理士等の勉強会メンバーは、金融機関の再生案件についてその考え方や処理法、また支店の貸出担当者・本部審査部メンバーの役割や立場について、ざっと習得してきました。そこで、この勉強会メンバーと金融機関の審査部のメンバーがざっくばらんに議論ができるようになり、両者は金融機関の会議室に集まって、共同勉強会を開催することになりました。

　この勉強会では、まず、本書の共著者である**中村中**が司会役となり、勉強会メンバーの代表の**鈴木税理士**と金融機関の本部・**審査部の代表の山田氏**が、勉強会メンバーと審査部のメンバーを前に、以下の意見交換を行うことになりました。その後、各メンバーから相互に意見や質問が出され、両者とも相互連携の重要さを十分認識することができました。共同勉強会の終了後、両者は会食をともにして、いっそう親密化を図ることができるようになりました。

1 金融機関の独占禁止法抵触防止のために

　この連携への勉強会は、金融機関の独占禁止法抵触防止の話題から始まりました。

(1) 独占禁止法の制約

中村中：今日は、金融機関の内情を勉強された税理士の先生と、金融機関の本部・審査部のメンバーが、如何にしたら中小企業への支援を円滑に行うことができるようになるかという問題意識で、意見交換や情報交換を行うことになりました。そこで、まずは、審査部の山田さんから、現在の金融機関が抱えている、中小企業支援への悩みからお話していただきたいのですが。

山田（審査部）：その悩みの第一は、独占禁止法の制約ということにな

りますね。従来、金融機関は、メインバンクの責任として、金融機関同士で情報交換を行い、融資をしている全ての金融機関の貸出条件の緩和などについて意見調整を行って、その企業の再生に向けた融資条件を決めていました。しかし、現在は独占禁止法の制約で金融機関同士では貸出条件について話し合いができません。金融機関としては、自行が条件緩和を行ったのに、他の銀行が貸出を回収するなどということが起こると、金融機関の足並みが乱れてしまい、安心して支援が続けられなくなってしまいます。

中村中：そうですね。独占禁止法については、強者である金融機関が一緒になって、弱者である中小企業に対して、金融機関相互で貸出条件を一方的に決め、それを強制するようなことは、一種の「カルテル」として「優越的地位の濫用」行為に当たるかもしれませんね。金融検査マニュアルでも、金融機関同士の融資条件の変更の相談は不可となっていますね。一方、税理士さんについては、中小企業との関係は原則、1対1の関係になっていますね。

鈴木税理士：税理士には、綱紀規則25条という「業務侵害の禁止」のルールがありますので、原則として、取引先とは1対1の関係になっていますね。

山田（審査部）：では、中小企業が複数の金融機関と取引をしている場合は、中小企業と1対1の関係にある、顧問税理士さんが中小企業と相談をして、金融機関の支援策を策定してくれれば、独占禁止法のネックは解消するということですね。とは言っても、金融機関の貸出条件の調整や返済金額の調整までできる顧問税理士の先生は、はたしていらっしゃるのでしょうか。

中村中：それは、勉強されている先生は、かなりおりますので、心配要らないと思いますが……。

山田（審査部）：そうですか。たとえ、そのような先生がいらしたとしても、その高いスキルの先生が顧問税理士になっていない場合、すな

わち、従来の顧問税理士の先生に金融機関調整ができるスキルがないならば、綱紀規則25条の制約がありますから、金融機関としては、動きようがありませんね。

鈴木税理士：いいえ、中小企業自身が税理士の先生を選定する権利はありますから、従来の顧問税理士の先生が金融機関調整ができないと中小企業が判断すれば、その制約はなくなりますね。しかし、中小企業自身が、「顧問の先生を金融機関調整ができない先生」と判断することは、難しいかもしれませんね。

山田（審査部）：とは言っても、われわれ金融機関としても、顧問の先生が金融機関調整ができない先生と決め打って、中小企業の経営者に、顧問の先生を変更してくださいとも言えませんよね。

(2) バンクミーティングと経営改善計画サンプルA

中村中：しかし、金融機関調整とは、結局、利害関係がぶつかる金融機関の主張を調整することですから、バンクミーティングを開催する経営者を支援する税理士等が重要な役割を演じることになりますよね。金融機関としては、バンクミーティングを仕切ることができる税理士等の先生が必要と、その経営者に言いこんでもらうことはできませんか。

鈴木税理士：そのバンクミーティング開催支援のスキルは、まず、経営改善計画策定支援ができ、その計画に基づくキャッシュフローから各金融機関に対する返済金額を決めて、次に、そのプロセスを金融機関の皆様に説明ができるということですね。

中村中：ということは、金融機関から中小企業の社長に、中小企業庁のサンプルAの計画書を見せながら、この程度の経営改善計画の策定と各金融機関の返済金額調整をして、バンクミーティングを仕切ることを依頼してもらえば、次の展開が見えるのではないですか。もしも、中小企業の経営者が、自社の顧問税理士にそれができないと判断した

ならば、その対策を金融機関に相談してくるのではないですか。

山田（審査部）：確かに、金融機関としても、中小企業庁のサンプルA程度の経営改善計画は必要ですし、各金融機関の返済金額調整も中小企業にお願いしたいですね。その報告については、複数の金融機関が集まるバンクミーティングがもっとも有効な手段ですから、そのお願いはせざるを得ないともいえますね。

鈴木税理士：そうですか。われわれの勉強会メンバーは、全員、財務金融アドバイザー通信講座の修了者ですし、中小企業庁のサンプルA程度の経営改善計画は策定できます。また、各金融機関の返済金額調整の実績もあります。社長さんから依頼があれば、お受けできますよ。

山田（審査部）：それはありがたいことです。われわれ金融機関としても、そこまで税理士さんに協力していただければ、懸案の返済猶予先の削減と正常返済先の増加が進むということですね。

中村中：ということは、顧問税理士さんが「中小企業庁のサンプルA程度の経営改善計画の策定ができ、各金融機関の返済金額調整もでき、バンクミーティングも仕切れる」ことになるまでの間は、他の税理士さんが、中小企業のために、その分野の支援を行うことになるということですね。

山田（審査部）：そうですね。金融機関としても、税理士の先生が、そこまで支援していただければ、中小企業の経営者の依頼の下、安心して自分たちが持っているペンディング案件を税理士さんにお出しすることができます。

鈴木税理士：われわれ税理士が、本来ならば、この程度までのサービスを中小企業に提供しなければならないと思いますが、なかなか現実はその段階までは進んでいませんので、私どものチームで、中小企業経営者と金融機関さんのニーズはお受けしたいと思います。

中村中：では、この合意に基づきまして、中小企業のために、税理士先生や金融機関も積極的に動いていってください。

> 【ポイント】
> 金融機関が返済猶予中の案件を安心して依頼できる体制作りのためには、税理士等がバンクミーティングの開催支援ができることが必要である。具体的には、経営改善計画策定支援を行うことができ、その計画に基づくキャッシュフローから各金融機関に対する返済金額を決めて、そのプロセスを全ての金融機関に説明ができるということである。

2 コンサルティングの落とし穴を防ぐために

中村中：今後、金融機関は金融庁の監督指針で「金融庁の提案するソリューション例」（第1章　図表1-10、46・47頁）に沿ったコンサルを行うことが期待されています。このことは、認定支援機関に対しても、同様に期待されています。

山田（審査部）：そうですね。このコンサルティングには、全てのライフステージの企業を対象に経営相談・助言・指導を行うことですから、実際、金融機関の一般的な融資担当には、荷が重すぎます。

鈴木税理士：税理士の中でも、ベテランと言われている人でも、ここまでのコンサルティングは難しいと思います。しかし、認定支援機関として、この程度のコンサルティングを目指して、経営改善計画策定支援を行わなければならないと思います。

中村中：その上に、最近では、政府からも「産業の新陳代謝を促すために、サービス産業の生産性向上」を目指すために、転業・廃業の支援を中小企業関係者に求める発言もあります。全国銀行協会の会長も、元の地方銀行協会の会長も、中小企業の転業・廃業支援を今後の重点施策にすると主張していますね。これは、「金融庁の提案するソリューショ

ン例」に沿ったコンサルを励行するということですが、そのライフステージで言えば、「衰退期」に該当する企業への支援ということになりますね。これは、成長事業分野が見つからない上に、経営者のやる気も萎んでいるような企業に対する支援で、コンサルティングとしては、最も難しいものですね。

(1) 利益相反・双方代理

山田（審査部）：私も、そう思います。それ以外に、銀行として心配なことがあります。行員が一生懸命コンサルティングを行い、経営者が廃業することを決意した時のことです。その行員が、自行の借入れの返済の話を持ち出しました。後日、その行員が経営者を訪問すると、その経営者は次のような発言をしたそうです。「私は廃業などしたくありません。先日、あなたは私に廃業を促すと同時に、自行の借入れの返済を迫りました。これは、民法の利益相反・双方代理に当たり大問題だと弁護士の先生が言っていました」というクレームを受けたそうです。

鈴木税理士：実は、税理士としても同様な心配がありますね。事務所の職員が、経営相談や助言を行い、その経営者が廃業を決めたということで、今まで溜まっていた顧問料の請求をしたら、やはり、後日に、利益相反行為、双方代理と言われたと言っておりました。その職員は、善意で、経営コンサルを行い、このようなクレームを受けましたので、すっかり自信を失ってしまいました。所長は、困っていましたね。

中村中：確かに、善意で行ったコンサルティングに対して、このようなクレームを受けることは、辛いものですが、コンサルタントは「常にコンサルの依頼者は誰であるか」を意識していなければならないということですね。この行為が極端な場合は、詐害行為と言われることもあります。このように、一方の当事者に利益となり、他方の当事者に不利益となるときは、利益相反行為を行った当事者は、不利益を被っ

た当事者から、損害賠償の請求（民法 第709条）を受ける可能性もありますので、気を付ける必要があります。

> 民法
> 第108条　（自己契約及び双方代理）
> 　同一の法律行為については、相手方の代理人となり、又は当事者双方の代理人となることはできない。ただし、債務の履行及び本人があらかじめ許諾した行為については、この限りではない。

鈴木税理士：では、廃業勧告がその利益相反・双方代理に抵触しないためには、実務的には、どのように行うべきですか。

中村中：コンサルティングとして、廃業勧告を行い、その経営者が廃業・清算などを決意した場合は、経営者から、「廃業決意書」「清算方針書」などという趣旨の文書を作成してもらうことをお勧めします。「窮鼠猫を嚙む」などということは不謹慎ですが、私の経験からは、廃業・清算などを決意した経営者の精神状況は尋常ではなくなるものです。考えられないような「魔女狩り」や「責任転嫁」の行動に至ることが多々あるものです。経営者による文書化は必要であると思います。

(2)　非弁行為

中村中：さて、もう一つ、山田（審査部）さんの発言で、気になることがありました。取引先が弁護士に銀行の担当者の行動や発言を相談したということです。一般的に、コンサルティングに熱中すると、依頼者である経営者のために、コンサルタントは、何でも言うことを聞いてしまう傾向にあります。ある税理士の先生は、「先生、私に替わって、銀行に出かけて行って、最近の資金繰りでは返済ができないと言ってください。おそらく、金融機関はいろいろ言って来ると思いますが、先生は私よりも財務面で当社のことを知っていますので、返済できな

いと上手く銀行に伝えてください。」という内容の依頼を受けたそうです。

鈴木税理士：それは受けられませんよね。正に、非弁行為ですからね。社長の代理行為は、弁護士しかできませんからね。しかし、私の友人の税理士も、自分は金融機関と親しい関係にあるということで、社長の依頼を安易に受けて、一人で金融交渉に行ってしまい、後日クレームを受けたと言っていました。

山田（審査部）：そうですね。税理士や中小企業診断士の方で、銀行にいらして、顧問先や関与先の企業の借入れ条件について意見を述べる方もいますね。ついては、企業の社長さん以外には、借入れ条件や返済猶予などの話を、金融機関として、受けることはできないということになってしまうのですか。

中村中：そんなことはありません。税理士や中小企業診断士などの先生は、社長など、企業の意思決定者と同行することを忘れないことが大切です。自分たちの発言を常に社長などに確認を取るようにすれば、問題はありません。銀行交渉などの時は、経営者と同行し、同意を求めながら、話をすることが大切ということです。

(3) 個人情報保護

山田（審査部）：しかし、コンサルティングを行うということで、何でも発言し、後に経営者の追認をもらえばよいというものではありません。企業には公表したくない情報があるし、経営者にも秘密にしておきたい情報があります。金融機関はこの点を厳しく指導されています。

鈴木税理士：コンサルタント業務を行えば、このような情報を依頼企業やその経営者から受けることは多々あります。金融機関でも、税理士でも、それらの情報を守る必要がありますし、コンサルタントも、同様ですよね。

中村中：その通りです。そのために、多くのコンサルタントは、コンサ

ルティング業務委託契約を締結する前に、機密保持契約や守秘義務契約を依頼者と締結します。税理士も金融機関も、依頼者に関する機密保持や守秘義務は当然のことですが、コンサルタントと称する人には、いろいろなタイプやキャリアを持った人材がいますので、信用面にもバラツキがあります。一般的には、コンサルタントは、依頼者企業と機密保持契約や守秘義務契約などの締結をすることをお勧めします。同時に、金融機関や税理士としても、バンクミーティングなど、企業経営者と相対（あいたい）で意見交換をする会議以外の場では、経営者などの情報保護については十分に注意しなければなりません。

鈴木税理士：そうですね。私の友人の税理士も、バンクミーティングの席上で、「利益拡大策の一つとして、役員報酬の削減の話をしましたが、その話の中で、社長の奥様にはアパート収入があるので、役員報酬を引き下げても社長の生活費については問題ありません」と発言しました。バンクミーティング終了後に、社長から「自分の妻のことは、銀行の保証人に入っているわけではありませんから、個人情報保護の観点からも、公（おおやけ）の席では今後は言わないでもらいたいと強いクレームを受けた」と言っていました。

山田（審査部）：そうですね。我々銀行員としても、同じ失敗をすることがあります。自行の引当金負担の軽減のため、他行さんに先駆けて信用貸出に担保を入れてもらいたいと思うあまり、銀行の担当者が、経営者以外の人がいる前で、経営者のご家族や親戚の方のご資産のお話をしてしまいました。後日、その経営者から支店長に対して、その担当者は個人情報保護の観点から問題であるというクレームが入りました。行内でも、この個人情報保護については、コンプライアンスの遵守として勉強会をしておりますが、フライングするものが皆無とは言えませんね。

中村中：とにかく、コンサルティングを行ったり、バンクミーティングに参加する時には、利益相反・双方代理・非弁行為・情報保護の観点

から、税理士も金融機関の担当者も十分注意をする必要がありますね。

> 【ポイント】
> コンサルティングを行う際には、(1)利益相反・双方代理、(2)非弁行為、(3)個人情報保護に十分配慮する必要がある。顧問税理士またはコンサルタントして踏み込める領域とそれ以外を事前に理解しておくことが重要である。

3 金融機関は中小企業の経営改善計画策定支援をどこまでできるのか

(1) 金融機関は中小企業支援を要請されているが……

鈴木税理士：コンサルティングの注意点は良く分かりました。しかし、これらの注意点によって、税理士や金融機関が中小企業への経営支援が消極的になってはいけないと思います。税理士や金融機関は、もう少し積極的に中小企業に対する経営改善計画の策定支援を行うべきであると思います。日本税理士会連合会から、中小企業庁に対して、「もう少し、金融機関さんから認定支援機関に経営改善計画の案件を出すようにしてください」という要望書が出ています。本当に、金融機関には中小企業の計画策定の要望はないのですか。私どもの税理士仲間の情報によれば、返済猶予をしている少し大きい中小企業に対して、「何故、経営改善計画を策定しないのか」と聞くと、「経営改善計画の策定は事務負担があるし、銀行さんからそれほど強い要請がないから、あえて策定していません」と返答されたり、「経営改善計画は金融機関が策定するものであり、お役所もそのように言っています」と言われたそうです。

中村中：確かに、多くの中小企業はそのように考えていますね。以下のチラシの会話の中に、「計画は、あえて、中小企業が策定しなくても

中小企業の皆様へ

中小企業の資金繰りの支援のため、金融検査マニュアル別冊などを改定しました

金融機関が条件緩和を行っても、不良債権にならない取扱いを拡充しました。

資金繰りが大変だけど、銀行は不良債権になるからと言って、返済条件の変更に応じてくれないんです・・・。

今後は、経営改善の見込みがあれば、不良債権にはなりません！金融機関とご相談下さい。

※ 条件緩和（返済条件の変更）とは・・・
- 金利の引下げ
- 金利・元本の支払い猶予
- 返済期限の延長
- 債権放棄

など借り手にとって有利となる取決めをすることです。

検査官　金融検太郎

改定前

不良債権にならないためには・・・

- 中小企業も大企業と同様、3年以内に経営が健全化するような「経営改善計画」が必要です。
- 「計画」期間中、一定以上の金利を確保する必要があります。

さらに・・・

- 大企業と違って中小企業は、大部で精緻な「計画」を作ることが困難です。
- 中小企業は景気の影響を受けやすく、「計画」どおり進捗しない場合も少なくありません。

そこで・・・

改定内容

中小企業向け貸出金の条件緩和がしやすくなりました。

- 経営が健全化するまでの期間を大幅に延長しました。（原則5年、進捗状況が良好な場合10年まで）
- 一定以上の金利を確保する必要がなくなりました。

さらに・・・

- 「計画」を作っていない場合でも、今後の経営改善の見通しがあれば、「計画」がある場合と同じように取り扱います。
- 「計画」の進捗が遅れていても、その原因を分析し、今後の改善が見通せるならば、「計画」どおりに進んでいる場合と同じように取り扱います。

第4章　税理士と金融機関本部の連携への勉強会

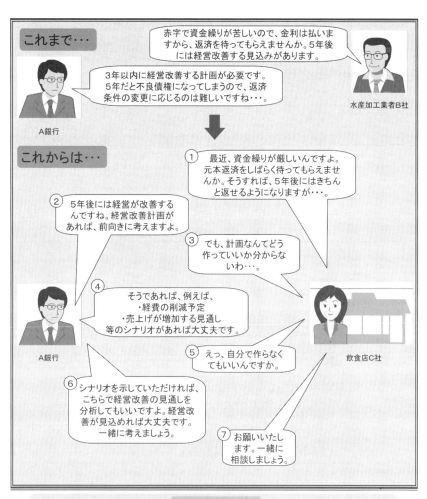

お問い合わせ先

金融庁 検査局 総務課　TEL 03-3506-6000

各財務（支）局の理財部検査総括課（沖縄総合事務局にあっては財務部検査課）

北海道財務局	011-709-2311	中国財務局	082-221-9221
東北財務局	022-263-1111	四国財務局	087-831-2131
関東財務局	048-600-1111	九州財務局	096-353-6351
北陸財務局	076-292-7860	福岡財務支局	092-411-7281
東海財務局	052-951-2474	沖縄総合事務局	098-866-0094
近畿財務局	06-6949-6372		

よい」と書いています。これは、小規模の企業を対象にした金融庁のチラシですね。

また、返済猶予をしている大きめの中小企業については、メイン銀行などの金融機関が経営改善計画策定の支援を行うと、再生支援協議会は述べていますね。このことが以下の図の説明ですね。このチラシや図が、金融機関として、税理士・公認会計士また認定支援機関に対して、経営改善計画の支援の依頼を頼みにくくしているのでしょうか。

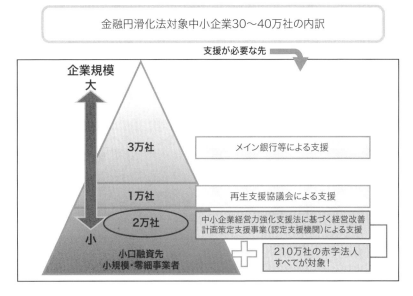

山田（審査部）：そうですね。確かに、金融庁のチラシや再生支援協議会の図は、中小企業を、大・中・小に分けて、「小」の先は、あえて経営計画は策定する必要はありませんと言っていますし、「大」の先は、メインの金融機関が支援をしなさいと言っているようですね。「小」の先が返済猶予になった場合は、認定支援機関に補助金事業として経営改善計画を策定するべきだと言っているということですね。そう考えると、金融機関が、大きい企業に関して、経営改善計画を支援するべきであると言われているように見えます。すなわち、認定支援機関や税

理士などは、それらの大きい企業には直接タッチしなくともよいとも読めますね。実際は、そうしたくとも金融機関としては大きい企業には、なかなか支援ができない理由があり、支援の限界もあるのです。

中村中：それは大半の大きい中小企業が、複数の金融機関から借入れがあり、支援したくとも独占禁止法のネックがあるということですか。

⑵　金融機関の経営改善計画策定支援の限界

山田（審査部）：全くその通りです。複数行取引の中小企業であっても、ある金融機関が圧倒的なメイン行の場合は、支援体制は組めるのですが、その貸出シェアーが拮抗している時は、なかなか支援の足並みが揃いません。その他にも、金融機関として、どうしても踏み込めない限界があります。それは、企業の損益に最も影響がある事業面の調査、すなわち事業DDのフォローです。貸借対照表に関する財務DDの支援は、金融機関としても、ある程度はできるのですが、損益計算書に関する事業DD、特に、売上の拡大策については、なかなか踏み込んだ支援はできません。また、企業内部の組織変更のアドバイスもできません。営業部や技術部また経理部の各メンバーとは、銀行の担当者は、なかなか意見交換ができません。5～10年を見通した経営改善計画を確実に実行するにはどうしても組織変更などは必須ですが、この組織変更の議論は金融機関としては踏み込んではできません。連れて、経営計画を実際に遂行するために必要な各セクションの部門計画・セグメント計画の策定支援も、融資担当者ではできるとは思えません。本音ベースで申し上げれば、これらの点は、経営改善計画のスキルや知識をお持ちの税理士などの認定支援機関にお願いしたいのです。

鈴木税理士：私どもとしても、中小企業と1対1の関係にありますから、支援したいと思っています。税理士はその企業情報も長期間に亘って細かく数値として保有していますし、会計や財務のプロでもあります

から、もっと、中小企業のために支援をしなければならないと思っています。しかし、綱紀規則25条(業務侵害の禁止)というルールがあって、従来の顧問税理士以外には支援をやりにくいという現実もあります。

山田（審査部）：そうですね。私どもの金融機関としても、地域の税理士さんとほとんど取引がありますから、その顧問税理士さんを飛び越えて、経営改善計画支援が得意の先生に頼んでくださいとも言いにくいのですね。

中村中：その点は分かりますので、金融機関は、経営改善計画のあるべき姿を、直接、中小企業経営者にお話しいただきたいのです。経営者自身も、自社のために、顧問税理士に金融機関の求める経営改善計画の具体的な内容を伝えてもらいたいのです。もしも、その顧問税理士の先生が「それは別の先生に頼んでください」と言ったならば、再度、金融機関に相談するように、助言をしてはいかがですか。

(3) 金融機関は経営改善計画策定支援を税理士などに要請したいはず

鈴木税理士：実際、経営改善計画は、税理士の本業である情報開示支援の2つの大きな柱の一つだと思っています。税務署に対する情報開示が確定申告ですし、金融機関への情報開示は中小会計要領に基づく決算書と中小企業庁のサンプルAに基づく経営改善計画とも言えると思います。そのため、税理士として金融機関に対する情報開示の支援ができないことは問題とも言えますね。

中村中：その考え方は、まだ一般的ではありませんが、説得力はありますね。金融機関への中小企業の情報開示の支援は、税理士などの先生が行わなければ、一番困るのは、その中小企業ということになりますね。

山田（審査部）：正直申し上げて、すこし大きい中小企業や返済猶予中

の企業は、金融機関の支店管理から離れて、本部・審査部の管理になっています。本部管理になるということは、取引先企業との距離が広がるということです。そこで、複数行取引の中小企業の経営改善計画には、なかなか手が付けられません。金融機関としては、正常な返済を付けたいと思っていますので、ややテクニカルになりますが、「実現可能性の高い抜本的な計画（実抜計画）」を中小企業と税理士などの先生が協力し合って策定してもらいたいのです。キャッシュフローを算出して、返済財源を出してもらいたいのです。しかし、そこまでは、本部として、なかなか依頼できているとは言えません。

鈴木税理士：とは言いましても、税理士の中には、その実抜計画をまだ理解していない先生も多いと思います。経営改善計画や実抜計画は、金融機関に提出するための計画であるにもかかわらず、それらの計画を誤解しているようです。未だに企業の理念や経営者のロマンを達成するための計画や社内の従業員をまとめる計画が全てであると思い込んで、実抜計画には、触れようともしない税理士の先生もいるようです。

中村中：そうですね。私も、いろいろな先生方とお話をしますが、経営（改善）計画は金融機関と結びついていることを知らない方も多いようですね。実際、返済猶予の40万社は金融機関の依存度が高まっているのです。買掛金や支払手形などの企業間信用はシェアーダウンしており、返済猶予を受けている企業の多くは、相対的に金融機関借入れのシェアーがアップしています。このことは、結果として、貸出先である金融機関が企業間信用を肩代わっているということですね。ただし、金融機関としては、この中小企業への貸出は、約束した期日に返済をしていないものですし、経営改善計画も提出されていないものですから、その貸出資産は良質なものではなく、国際的には金融機関は胸を張ることができないようですね。

山田（審査部）：そのためにも、金融機関の求める経営改善計画につい

ては、税理士の先生などにも、十分に理解していただきたいですね。経営改善計画に沿って、返済が始まれば、金融機関の貸出資産は良質化するということになります。金融機関としては、金融検査マニュアルや監督指針で目途とされている、「5〜10年以内に正常先・要注意先まで債務者区分がランクアップする計画」「3〜5年以内に債務超過が解消する計画」であり、そのためには少なくとも約3年後を目途に期間損益が黒字化する計画を求めています。また、実抜計画としては、「借入れ金融機関が全て同意できる計画」で、「計画策定時以降新たな資金投入が発生せず」、「売上や費用の見通しも厳格で保守的である計画」とされています。したがって、金融機関に提出する計画は、この縛りをクリアしてもらいたいのが、金融機関担当者の本音です。

鈴木税理士：その金融機関の縛りはよく分かります。ほとんどの縛りについては、中小企業が成長してもらうためには、当然の縛りだと思います。一般的には、実抜計画の「借入れ金融機関が全て同意できる計画」という条件が最もハードルが高いと思われます。これは、経営改善計画からキャッシュフローを通して、各金融機関の返済金額を決定することが難しく、このことが、なかなか合意を得るまでに到らないということですね。

山田（審査部）：その通りです。ですから、メイン銀行と言えども、他の金融機関に合意を取り付けるためには、経営改善計画・キャッシュフロー・返済財源・各金融機関の返済金額の論理をしっかり構築しなければならないということです。それぞれの金融機関の貸出の金利も担保もバラバラですから簡単ではありません。そして、その決定権限者は取引先に近い支店長ではなく、距離の遠い本部の審査部または役員となっています。実際、金融機関としては、複数行取引の中小企業については、調整ができず、企業自身によって、経営改善計画などの細目を決めてもらいたいと思っています。そのことが、複数行合意の早道だからです。そして、この決定内容を各行に同時一斉に伝えるた

めにバンクミーティングがクローズアップされるのです。もしも、その企業自身で、各金融機関の返済金額まで仕切ることができないならば、是非とも税理士または認定支援機関の支援を受けてもらいたいということになるのです。

中村中：そうですね。金融機関としては、中小企業の経営改善計画とキャッシュフローと返済財源また各金融機関の返済金額の作成支援まで、税理士・公認会計士・認定支援機関にバックアップしてもらいたいということが本音ですよね。

> 【ポイント】
> 顧問税理士は、会社の内部に入り込み、従業員との情報交換や業務内容の理解を行っている場合が多く、また、過去の財務内容についても十分理解しているため、金融機関より経営改善計画策定の支援を行いやすい立場にある。

4 今後の税理士・公認会計士・認定支援機関と金融機関の連携による中小企業支援

(1) 住宅ローンの稟議書はハウスメーカーやマンション業者にほとんど任されている

中村中：金融機関は、今後、中小企業貸出の実行や条件変更に関して、税理士・公認会計士・認定支援機関の支援は欠かせないと思われていますが、どの程度までの支援を要望しますか。

山田（審査部）：住宅ローンの実行に関しては、積水ハウスやダイワハウス・三井不動産・三菱地所などのハウスメーカーやマンション業者が主導権を持っています。これらの業者は、顧客と相談して、金融機

関に住宅ローン実行の必要書類や金融機関の稟議書・査定書への記入方法を指導して、また参考資料を作成し、住宅ローンの実行承認を取り付けて、住宅の購入支援を行っています。このために、ハウスメーカーやマンション業者は、この顧客はいくらくらいまで住宅ローンが借りられるかが分かり、手持ち資金に住宅ローンを加えた金額で、大きな物件を販売し、収益を上げることができています。顧客も、高額ですが満足する物件を買うことができます。金融機関も、手間を掛けずに、多くの住宅ローンを販売して、収益アップになります。

　中小企業への貸出についても、税理士・公認会計士・認定支援機関の皆さんが貸出実行に関する金融機関の稟議書・査定書に記入をし、参考資料を作成できれば、金融機関は企業にいくらくらいまで貸出をしてくれるのかというアドバイスを自信を持ってできると思います。また、企業サイドも投資に積極的になれると思います。現在ならば、返済猶予に正常な返済が付けられ、新規の融資も受け易くなります。金融機関も、稟議書・査定書の精度が高まる上に、行員の事務の合理化を図ることができます。勿論、これだけのメリットがあれば、税理士・公認会計士・認定支援機関の皆さんも中小企業から受け取る手数料の増加に繋げることができると思います。したがって、税理士・公認会計士・認定支援機関と金融機関の連携による中小企業の支援は、大きく伸びていくものと思います。

鈴木税理士：そうですね。そのような動きになれば、税理士などの業務も広がり、収益チャンスも拡大しますね。しかし、何と言っても関与先企業の資金調達力が高まり、収益アップに貢献できることが有り難いですね。

中村中：私が、30年前に旧三菱銀行の商品企画をやっていた頃、現在の一般的な住宅ローンは、業者提携住宅ローンとしてスタートしました。この企画は、住宅販売業者の販売促進・収益アップに繋がり、顧客メリットも大きく、金融機関の応対時間や説明時間の合理化に

なりローン残高をアップすることが可能になりました。そして、件数・金額は増加の道を辿り、その後、銀行は住宅ローンセンターとかローンプラザという「顧客・銀行・業者の接点になる場所」を作り、今では、住宅ローンの70〜80％はこの住宅ローンセンター・ローンプラザに集中しているとのことです。そのために、住宅ローンの審査をチェックリスト・スコアリングシートというように定型化し、ハウスメーカーやマンション業者のために住宅ローン申込用紙や提出書類を簡素化し、金融機関のローン実行手続きも省力化しました。ローン貸し手の義務である本人確認や借り手の意思確認・個人信用情報のチェックは、金融機関として確実に実行していますが、これもシステム化で合理化を図っています。今の中小企業の貸出も、保証協会保証付き貸出また公的融資の増加で定型化しており、格付けのスコアリングシート化も加わり、貸出審査もシンプル化していますので、住宅ローンのように、外部委託化も近未来には可能になるものと思います。

山田（審査部）：しかし、そのような発想はまだ、金融機関の内部にはありませんし、中小企業の貸出の審査を税理士などに外注するという発想は、まだまだ現実は難しいと思いますね。もしも、貸出審査を税理士などに外注したら、銀行の貸出担当者はどんな業務を行えばよいのでしょうかね。

中村中：その貸出担当者は、地域における企業の役割、県庁、市役所の地域への方針、自己査定の厳格化、企業における外部・内部環境分析、経営者の理念やロマンの把握、担保不動産や資産の評価など、年に一回はそのような企業内容を深彫りし、税理士などが作成する稟議に対する別の見方を行うことがポイントになると思います。金融機関の貸出担当者の業務は、リレーションシップバンキング（地域密着型金融）などの視点に注力したものになると思います。

山田（審査部）：確かに、中小企業支援ネットワークにおける地域金融

機関の融資業務は、地域における連携・支援ですから、そのような貸出担当者の見方がポイントになるのかもしれませんね。中小企業経営力強化支援法という認定支援機関を誕生させた法律は、金融機関の審査の外注化を展望しているようにも思われますから、金融機関の貸出担当者の役割も変わるかもしれませんね。

(2) 将来は、中小企業の稟議書を税理士・公認会計士・認定支援機関に任されることになるかも

鈴木税理士：なるほど、そう言われれば、認定支援機関は金融機関の貸出について理解しなければ、仕事になりませんから、その外注化の方向に進んでいるのかもしれませんね。金融機関の貸出審査について、その原則を教えていただければ、現在の住宅ローンにおけるハウスメーカーやマンション業者には及ばないものの、われわれ税理士などにとっても、金融機関の方々と、より親密な連携も上手く行くと思いますし、何と言っても、関与先の資金調達に対するアドバイスで貢献できることは、有難いことですね。関与先の決算内容や経営改善計画の策定支援を行うことで、将来いくらくらいまで資金調達ができるかをアドバイスできれば、われわれ税理士に対する信頼度も一層高まりますね。

中村中：そういうことならば、金融機関の稟議書について、お話しすることに致しましょう。この稟議書は、現在の金融機関の貸出現場を知るには最適であると思います。金融機関の現在の審査は、ほとんど、以下の稟議書によって、実行の意思決定をしています。山田さん、貴行の稟議書と同じ形式だと思いますが、如何ですか。私がヒアリングをする限り、ほぼ、どこの金融機関もこの稟議書を使っています。

山田（審査部）：そうです。当行の稟議書とほぼ同一です。

貸出の種類	金額	利率	期日	返済方法	資金使途
担保					
貸出内容	現在残高	利率	毎月返済額	引当	当初金額
①					
②					
③					
合計					
財務内容					
損益状況					
財務比率					
所見					

担当者	課長	副支店長	支店長	副審査役	審査役	次長	部長	取締役	専務・常務	副頭取	頭取
○	○	○	○	○	○	○	○	○	○	○	○

鈴木税理士：金融機関と、関与先企業について、借入れ交渉をする時は、この稟議書の空所の内容や他の項目との関連について、補足説明をすればよいということですか。

中村中：その通りです。ざっと、稟議書の概要とポイントを説明します。まず、一番上の太枠の7項目を見てください。貸出の種類・金額・利率・担保は、想定範囲内の記入内容であれば、金融機関は妥当と判断します。しかし、期日・返済方法・資金使途の項目の記載については、相互の項目に矛盾があるか否かをチェックし、注意して見ていきます。すなわち、事業審査をこの稟議書の一番上の太枠で、審査します。例えば、仕入資金・在庫資金・売掛金資金などの資金使途については、商品・製品の物流とキャッシュフローを見て、期日と返済方法の妥当

性を見ます。仕入資金の借入れなのに、長期間の毎月均等返済であったならば、金融機関の審査は通過できません。賞与資金は、年2回の支給ならば、期日は6ヶ月以内で毎月均等返済であることをチェックします。賞与資金が9ヶ月返済であったり、借入金額がボーナス累計額をはるかに超える金額であったならば、金融機関として支援はできません。設備資金は、返済期日が減価償却期間以内で、返済金額も毎年の減価償却範囲内か、均等金額であることをチェックします。設備投資計画を見て、そのキャッシュフローと返済に整合性がなければ、これも支援はできません。

　ここで、更に詳しい情報を求める時は、金融機関は「資金繰り実績予想表」の提出を企業に依頼します。

鈴木税理士：一番上の太枠は、審査プロセス（60頁参照）の事業審査の項目ということですね。

中村中：そうです。その審査プロセスの企業審査は、中段の「財務内容・損益状況・財務比率」です。この企業審査は、格付け評価を行うスコアリングシートでも行います。この企業審査は、今後の損益動向を予想するものです。もしも、赤字になるようであれば、事業審査のキャッシュフローは狂ってしまい、返済財源は枯渇する可能性があります。期日通りに返済されない時は、返済財源を担保処分で賄うことになります。これが2番目の太枠の引当の欄です。この欄にて、保証引当状況を見ます。ここが、審査プロセスの「担保・保証チェック」の欄です。更に、詳しい状況を説明する時は、試算表を提出し、決算以降の財務状況を述べます。他行の借入残高も説明資料として提出することもあります。

鈴木税理士：では、この稟議書で、ほぼ審査プロセスのポイントが説明されているのですね。

中村中：そうです。しかし、審査プロセスのエリア審査部分は、この稟議書には載せていません。エリア審査とは、審査プロセスの企業審

査、事業審査、担保・保証チェックの全ての項目で、クリアしない場合に、その企業の強みやメリットを見つけ出すために行う審査ともいえます。この稟議書にはエリア審査に関する記入欄はありません。なお、2番目の太枠の「現在残高」と「当初金額」の差額分が粗粗の今後における当社の資金調達見込み金額になります。一般的には、過去の融資金額のピークまで、追加融資支援が受けられると見られているからです。このように、稟議書の各項目で、金融機関の融資の姿勢がほぼ読み取ることができます。

(3) 稟議書によって、金融機関内部の組織と決定権限を推察しよう

山田（審査部）：おっしゃる通りですね。金融機関の考え方は、ほぼこの稟議書に集約されていますので、関与先などに、金融機関への説明の仕方や交渉のやり方を説明する時には、参考になると思います。更に申し上げるとすれば、稟議書の一番下の欄は、この稟議書の回付の順番です。一番右のポストが最終決裁者になります。左の4つのポストは支店のポストですから、この4つについては、右に行くほどポストが上がり、当然、支店長が支店における最終決裁者になります。融資金額や期間が、支店長の決定権限（裁量権限）を越えると、左から右へと稟議書は回付され、一般的には審査部長か頭取が、最終の決定権限者になります。ドラマ「半沢直樹」の場合ならば、西大阪スチールやタミヤ電機への貸付が審査部長の決定権限であり、伊勢島ホテルへの貸付が頭取の決定権限となります。

中村中：そうですね。金融機関の役職やポストの名称・権限を理解することは、金融機関と連携を組んだり、交渉する時には大変に役立つことになります。また、この役職やポストの意味を理解しないと、連携や交渉が空回りすることもあります。税理士や中小企業経営者の方にとっては、このような役職やポストまた権限などは、全くなじみがな

いものと思います。金融機関は、地域密着型企業であり、支店の人数は少ないことから、中小企業の社長が自由に意思決定をするように、金融機関の支店長も独自に意思決定ができるものと考えてしまいがちです。

　しかし、実際は、支店長の決定権限はそれほど大きくありません。どこの金融機関であっても、地元のトップ企業のひとつであり、大企業であることを再認識してください。そこには、多くの役職とポストがあり、大企業の意思決定プロセスは、稟議という制度であることを認識してください。そして、本部がその大半の決定権限を持っているのです。したがって、目に見えないポストの人が意思決定をするのですから、中小企業やその支援者の税理士の先生などは、直接、意思決定者に自分たちの方針や希望を伝えるためには、しっかりした文書を作成することを忘れないでください。もしも、貸出の担当者に、借入れや条件変更の要請を口頭で説明したり、不完全の資料の提出しかできない場合は、担当者自身が、スキルの高い上司や本部審査部のプロに回す稟議書を自ら作成しなければなりません。その稟議書には補足解説資料を添付しなければならず、担当者はこの資料の作成に相当な時間がかかりますし、そうかといって、顧客が言いたいことを十分に本部・審査部に伝えるようなしっかりした文書が作れるとは限りません。貸出の説明書類を作成する担当者は、稟議書のフォームで見れば分かるように、銀行の貸出ラインにおいて、スキルも経験も最も浅い人材ですので、税理士などがしっかりした書類を作成しなければ、本部・審査部の承認は早期に得ることができません。

鈴木税理士：確かに、金融機関は大企業であり、意思決定手段は稟議制度であると言われると、今までのモヤモヤが晴れる気がしますね。金融機関の支店の担当者は、借入れ申込みに行きますと、いつも自信なさそうにしており、その態度で、「迷惑なのかな」とか「実行できないのか」と心配しましたが、実は、稟議を通す書類の作成に自信がな

かったのかもしれませんね。貸出申込みをすると、「数日後に資料を出せ」と言われ、そのまた後に「別の書類を出せ」と言われることがありますが、これは稟議書の上位の回覧者に、その担当者がいろいろ注文を付けられているということになるのですね。

山田（審査部）：本当は、借り手企業が申込みにいらした時点で、必要資料を要請して、いつ位までにいくら位の貸出ができると、そのニュアンスを伝えることが、一人前の担当者のスキルでしたが、なかなか、そこまでの発言ができる人材は少なくなってしまいましたね。

(4) 金融機関の返済猶予の稟議は税理士・公認会計士・認定支援機関との連携・支援が必要

鈴木税理士：特に、最近では、「返済猶予先が毎月どの位の金額を返せばよろしいですか」と聞くと、明確に回答できる担当者はあまりいないようですね。これも、稟議制度の弊害ですか。

中村中：私は、弊害ではないと思います。これは、稟議書に問題があると思います。返済猶予先は、従来、貸出実行時に銀行に認められた返済金額で返済するわけではなく、経営改善計画から生み出されるキャッシュフローによって、返済することになります。何本もの借入れがある場合は、その合計金額をキャッシュフローで返済することになります。もう少し厳密にいえば、一本にまとめた借入から、正常運転資金や資産売却資金を除いた根雪資金を、キャッシュフローより算出した返済財源で返済するということです。これは、現在の稟議書では、明確に表現できませんね。今の稟議書のポイントになる「資金使途」も「返済方法」も「期日」も、また、「現在残高」「当初金額」「引当」も、個別の貸出を一本化してしまうと、書きこむことができなくなってしまいます。このことは、審査プロセスから、事業審査の部分が消え、企業審査に一本化するということになります。ということで、返済猶予先に正常返済を付与する場合は、これまでの事業審査主体の稟

議書から企業審査に力点を置いた稟議書に変更しなければならないことになりますが、現在は、そのような稟議書はありませんね。この返済猶予先への正常返済付与は、稟議書の記載もその決裁も全て本部・審査部になっていますので、支店の担当者は、本部でどのような手続きで返済猶予先に正常返済を付けているのか、分からないようですね。支店の担当者は、稟議書さえ書かないために、顧客に対する一切の説明ができず、顧客も混乱しているのが現状ですね。

山田（審査部）：そうですね。支店には、目下、返済猶予先に対して正常返済を付けるということに権限を与えていません。稟議書のフォームを作って、支店の担当者に稟議書を作成してもらうことも考えていません。稟議書は、新規の個別事業資金の審査を対象にしていますので、既存の多くの貸出を一本化して正常返済を付与することについて考えていません。

中村中：それは分かります。しかし、返済猶予を行っている先に対しては、誰が「返済猶予先に正常返済を付ける」ことを説明するのですか。まして、多くの金融機関から借入れをしている先で、返済猶予をしている先に対しては、金融機関の内部に、そのやり方を明解に説明するポストやその担当者はいるのですか。

鈴木税理士：確かに、金融機関に「返済猶予先に正常返済を付けたい」と相談に行きますと、支店の担当者は要領の得ない回答をして、本部に取り次いでくれず、「このまま返済猶予を続けては如何ですか。あえて、返済をするよりは、今のまま返済を繰り延べている方が御社も楽ではないですか」と言ったそうです。持参した経営改善計画さえ、受け取ってくれなかったと嘆いている税理士もおりました。

山田（審査部）：それは、一部の銀行の例外だと思いますが……。また、返済猶予をしている先に対して、経営改善計画の内容を吟味して正常返済を付ける相談をする担当者は、本部・審査部におりますし、本部の審査ラインの担当者は、皆、相談に応じていると思いますが……。

中村中：しかし、この相談は、かなり時間がかかると思いますが、本部・審査部の審査ラインの方は、どの程度、踏み込んだ相談を支店の担当者を介さずにしているのでしょうか。ある中小企業の経営者が「資本性借入金」を金融庁が積極推進しているので、支店の担当者に相談に行きましたら、「当行はまだ資本性借入金をやったことがないので、できません」と言われたそうです。やはり、支店の担当者に実行の権限を与えていないとしても、取引先に対して、金融庁が推進している商品やスキームについて相談に乗ることができないことは問題だと思います。

鈴木税理士：平成26年12月1日の日経新聞の一面に、「短期継続融資」という「疑似資本」の資金調達法が出ていましたが、これは、かつての「経常単名融資」や「資本性借入金」と同様な返済なしの融資のことですね。いよいよ、金融機関もエクイティ・ファイナンスの商品を取り扱うようになってきたということですね。この融資は、資金使途は不問であり、返済方法は期日一括返済としていますが、期日到来時に期日を延長することを前提にしていますね。金融庁は、この融資について、「企業は銀行の定期審査を受ける」と言っていますが、具体的には、どのような内容の定期審査になるのですか。

山田（審査部）：そうですね。この定期審査については、「資金使途」「返済方法」「現在残高」「当初金額」「引当」など、従来、金融機関が重視していた審査の内容がチェック項目から除かれますから、モニタリングチェックが必要になりますね。今後は、企業の何をチェックするべきか、検討しなければなりませんね。件数も多く回数も多いと思いますので、当然、銀行の本部の審査ラインの限られた人数だけでは処理ができず、支店の担当者に任せるか、皆様など税理士・公認会計士や認定支援機関の方々にお願いすることも多くなるかもしれませんね。従来の稟議書に加えて、別の説明資料を求めることになると思いますし、または、エクイティ・ファイナンスの稟議書によって審査を

することになるかもしれませんね。

鈴木税理士：上場企業は株主から資金調達をするにあたり、「有価証券報告書という決算書」と「事業計画書という経営計画書」、また「企業の強みである情報を会社説明書」で、その企業から情報開示資料を求めていますね。金融機関も、「短期継続融資」「経常単名融資」「資本性借入金」というエクイティ・ファイナンス的な融資を行う場合は、中小企業に対して、決算書や経営改善計画書と会社説明書の情報開示資料の提出を求めることが必要になるのではないですか。

中村中：しかし、現在の中小企業は、それらの情報開示資料を自ら作成できるとは思えませんね。しかも、決算書・経営改善計画書・会社説明書の情報開示資料は、有価証券報告書や事業計画書・会社説明書までには精度が高いものではないとしても、かなり緻密で透明性の高いものでなければなりませんよね。

山田（審査部）：そうなりますね。従来、金融機関が審査の重点項目にしていたチェック項目が除かれますから、その他の項目を重点的に見なければなりません。それこそ、モニタリングチェックで見ていくことになりますね。しかし、このモニタリングチェックについては、かなり企業の内部に踏み込んで、長期的に業界を俯瞰するような広い視点で見ていかなければなりません。支店の担当者だけの力では難しいかもしれませんね。

鈴木税理士：その分野の情報開示資料の作成支援は、正に、税理士・公認会計士・認定支援機関が担うものになるかもしれませんね。実際、一部の税理士・公認会計士の先生は顧問企業に月次訪問をして、モニタリングチェックをしているようですね。決算書については、税務署に対して、「書面添付」という、正確性や透明性を保証する書面を差し入れています。この書面添付をすれば、顧問企業に税務署が調査に入る前に、その税理士に必ず連絡し情報交換をすることになっています。不必要な調査に入ることが少なくなるようですね。最近の税理士

の業界は、上場企業に対する公認会計士の監査までとは言えませんが、企業の内部に踏み込んだかなり精度の高い調査や情報収集を行う方向に動いています。

中村中：しかも、最近の税理士・公認会計士の皆様は、顧問企業に月次訪問して得た情報をデータに落とし込んで、経営相談や助言にも使われていますよね。元銀行員の中小企業診断士として申し上げることができるのですが、これは金融機関が持っている企業情報をはるかに超えるタイムリーで精緻な情報であると思います。しかも、税理士・公認会計士またその事務所の役職員の方は、簿記や財務・会計のプロですから、数値に基づく情報開示資料の作成に長けていますよね。

鈴木税理士：その通りですね。私ども税理士や公認会計士は、年間決められた時間の税理士会や公認会計士協会の研修を受けなければなりません。税務・会計・また金融情勢は大きく動いていますので、その変化に遅れることはできません。しかも、最近は、金融機関から、中小企業に対して、中小会計要領に沿った決算報告書を出すように言われたり、中小企業庁の経営改善計画書のサンプルＡに沿った経営計画を提出するように要請がありますから、それらの学習もかなりしております。また、金融機関の考え方などを知るために、「財務金融アドバイザー通信講座」も多くの方が修了しております。

山田（審査部）：そうですか。税理士さんや公認会計士さんは、そのように体系立てた情報収集と学習をされていたのですか。しかし、税理士・公認会計士の先生は、コンサルティングファームと違って、グループで動くことはできないためか、仕事の繁閑や情報・知識の偏りにより、金融機関との連携に抵抗があるということはありませんか。

中村中：実は、多くの税理士さんは事務所に役職員さんを雇っており、この方々の大半も簿記・財務・会計に精通していますし、「財務金融アドバイザー通信講座」の修了者もかなりいます。また、公認会計士の先生は、チームで役割分担を決めて行う業務になれています。地域

の内情も習得されている税理士・公認会計士の先生は、組織的対応もチームワークもできますから、コンサルティングファームと同様に、グループの強みもあると思います。

鈴木税理士：確かに、税務の業務と違って、経営改善計画の策定やコンサルティング業務については、チームワークや連携が必要であると思いますが、税理士・公認会計士の多くは、仲間で勉強会をしたり、税理士会や公認会計士協会の口利きで連携を組むことも多くなって来ましたね。

山田（審査部）：いろいろお話を聞いて、よく分かって来ました。しかし、一部の支店の貸出担当者からは、未だに、「税理士さんは節税や税金対策ばかりをしていて、その決算書はあまり信頼できない」などとの声が聞こえて来ますが、これは実態とはかなり違うのですね。

中村中：確かに、税理士さんは7万人も居ますから、いろいろな先生がいるかもしれません。最近の多くの先生方はかなり勉強をされています。そのようなことを言う貸出担当者は、金融機関の内部の自己査定の決算書と税務署に提出する確定申告の決算書の違いについて、良く勉強されているのでしょうか。両者の決算書の作成基準は異なっているのですよ。支店の貸出担当者は、実態バランスシートを実際に作成できるのでしょうか。

山田（審査部）：これは、厳しいご指摘ですね。確かに、金融機関の貸出担当者も、その経験などでバラツキがありますので、私としては、必ずしも、その支店の担当者の発言は信じていませんが。とにかく、税理士さんや公認会計士さんと金融機関は、一層深い連携を組み、情報交換をすることが大切だと思います。

鈴木税理士：両者が連携を組むことは一層重要ですし、また、両者は、相互に相手の現状や背景をもう少し勉強することも大切ですね。内閣府・金融庁・中小企業庁が公表した平成24年4月の政策パッケージでは、「中小企業支援ネットワーク」として、金融機関と税理士・公

認会計士また認定支援機関が民間の代表として中小企業を支援することになっていますね。そこでは、両者の情報交換の場であるバンクミーティングについても、語られていますね。

中村中：そうですね。日本再興戦略というアベノミクスの中心施策においても、伴走支援プラットフォームとして、金融機関と税理士や公認会計士の連携は地方創生の重要インフラになっているようですね。話は、金融機関の稟議書から、かなり拡大してしまいましたが、とにかく、中小企業を支援し地域を活性化するためには、地域密着の民間機関である金融機関と税理士・公認会計士の連携が欠かせないということですね。

【ポイント】
中小企業を支援し地域を活性化するためには、地域密着の民間機関である金融機関と税理士・公認会計士の連携は欠かせない。そのために税理士・公認会計士がまず実施すべきことは、金融機関の仕組みや中小企業の情報開示について十分な理解とスキルを持つことである。

第5章

財務金融アドバイザー通信講座
〜金融機関本部との連携・交渉のために〜

本書で紹介しております、税理士・公認会計士のための中小企業の再生支援に関する勉強会は、東京・大阪・福岡で有志の先生方とともに実施してきました。同時に、その先生方の一部の方々と中村中が金融機関の本部を訪問し、審査部が長期間手付かずのまま抱えている案件について、両者が解決する具体的なスキーム作りを話し合ってきました。

　金融機関の支店の貸出担当や支店長との交渉においては、金融機関の仕組みや慣習について、銀行サイドで丁寧に教えてくれましたが、本部審査部のメンバーと直接交渉するときは、どうしても税理士・公認会計士の先生方も金融機関に関する基礎知識が必要になります。ハワイ旅行に出かける場合でも、英会話の知識を少し身に付けていれば、現地の方々とのコミュニケーションも円滑にでき、楽しみも倍増することは容易に想像できます。金融機関の本部審査部のメンバーも支店の貸出担当者と面談する感覚で、自らが抱える案件の話をざっくばらんにできると思います。今後、皆様が支店を経由してでも、また、直接に本部審査部を訪問してでも、審査部メンバーと連携強化を図り、突っ込んだ案件の交渉をしていくには、金融機関に関する体系的な知識を身に付けておいていただきたいと思います。

　そのためには、金融機関で再生案件を手がけた銀行のOBなどから話を聞くことも一策かもしれませんが、『財務金融アドバイザー通信講座』を受講されることをお勧めします。この講座は、金融機関の仕組みや経営改善計画の策定方法について基礎から網羅的に解説を行っています。また、この講座を修了されると認定証が発行されますので、中小企業の再生支援について一定のレベルであることを、金融機関の本部の方々も確認できます。更に、財務金融アドバイザー通信講座を修了しますと「継続会員」に参加でき、この勉強会の内容を含めて、最新の金融機関の動向、中小企業の再生支援、中小企業の活性化や地方創生に関する情報をお伝えしています。その上、中小企業診断士メンバー

第5章　財務金融アドバイザー通信講座～金融機関本部との連携・交渉のために～

財務金融アドバイザー

― 中小企業資金調達支援の専門家養成 ―

中小企業の実態を熟知している税理士、税理士事務所職員などが資金調達に関する知識を修得し、金融円滑化の業務を担うことが、資金調達支援だけでなく企業の黒字決算割合向上及び日本の財政健全化に不可欠です。社会貢献と税理士事務所等の業務拡大も視野に入れて、財務金融の専門家を養成します。

講座概要

受講対象者
- ■税理士及び税理士事務所職員
- ■経営革新等支援機関（認定支援機関）及び国家資格等保有者とその職員
- ■金融機関・商工会・商工会議所の職員等

通信講座テキスト
- ■テキスト1　「中小企業の資金調達支援」　久保田博三　著
- ■テキスト2　「経営計画策定」　渡邊　賢司　著
- ■テキスト3　「経営指導・経営助言」　中村　中　著

通信講座受講料
- ■15,000円

申込案内
- ■毎月末日に申込を締切り、翌月10日に開講、3ヵ月で修了予定です。

 一般社団法人
資金調達支援センター

財務金融アドバイザー講座　目次

テキスト1　中小企業の資金調達支援

第Ⅰ章　会計専門家に必要な銀行融資の知識
- 第1節　金融機関融資取引の原則（融資の5原則）
- 第2節　貸付種類と融資の形態
- 第3節　貸付条件
- 第4節　資金使途
- 第5節　担保・保証
- 第6節　金融行政の変化・貸出審査態勢の変化
- 第7節　信用格付
- 第8節　自己査定

第Ⅱ章　中小企業の必要資金の調達
- 第1節　企業のライフサイクルに合わせた資金調達
- 第2節　運転資金の算出方法と返済計画の作り方
- 第3節　設備資金の算出方法と返済財源の見方
- 第4節　保証協会とは（保証協会の保証の取付け方）
- 第5節　借入計画書の作成と提出書類
- 第6節　貸出審査の受付から実行までのプロセス

第Ⅲ章　借入債務の管理・変更・変動
- 第1節　中小企業金融円滑化法
- 第2節　貸出条件緩和制度とは
- 第3節　返済条件を変更するとき
- 第4節　支払猶予を申出るとき
- 第5節　貸出条件緩和を受けても格付を下げない方法
- 第6節　資本的貸出とは
- 第7節　DDS・DESとは
- 第8節　債務の一部免除を申出るとき
- 第9節　再建計画の作成
- 第10節　私的整理に関与する公的機関

第Ⅳ章　条件緩和（返済猶予・リスケ等）後の追加融資の取扱い
- 第1節　条件緩和を受けた後の再度の緩和申入れ
- 第2節　条件緩和を受けた後の再度の借入申込み
- 第3節　資金繰り悪化による追加融資の申込み

テキスト2　経営計画策定

第Ⅰ章　経営計画の意義と策定上の留意点
- 第1節　経営計画策定の必要性
- 第2節　経営計画と金融機関格付けランクアップ
- 第3節　経営計画の概要と策定上の留意点

第Ⅱ章　外部環境分析
- 第1節　分析の目的と手順
- 第2節　具体的分析手法

第Ⅲ章　内部環境分析
- 第1節　分析の目的
- 第2節　定量分析
- 第3節　定性分析

第Ⅳ章　経営戦略の策定
- 第1節　事業概略と機能別戦略の策定
- 第2節　バランスト・スコアカードの活用
- 第3節　マーケティング戦略

第Ⅴ章　経営計画の策定
- 第1節　具体的アクションプラン（行動計画）
- 第2節　数値計画の策定

第Ⅵ章　経営改善計画策定事例
- 第1節　「新商品の開発計画」による経営改善計画策定事例
- 第2節　「販路拡大見込み」による経営改善計画策定事例
- 第3節　「DES・DDS導入」による経営改善計画策定事例

第Ⅶ章　経営計画の実行管理
- 第1節　モニタリングの目的
- 第2節　モニタリングによる原因把握と修正

テキスト3　経営指導・経営助言

第Ⅰ章　税理士・事務所職員（財務金融アドバイザー）による経営指導・経営助言
- 第1節　金融庁が金融機関に経営指導・経営助言を要請
- 第2節　金融機関の経営指導・経営助言の実情
- 第3節　税理士・事務所職員の経営指導・経営助言の強み

第Ⅱ章　中小企業でも高まる情報開示・内部統制への要請
- 第1節　金融機関新商品ABLと情報開示
- 第2節　金融機関新商品資本的貸出と長期間返済猶予の情報開示
- 第3節　中小企業金融円滑化法と情報開示
- 第4節　金融機関への情報開示に必要な3つの文書

第Ⅲ章　資金調達のための経営指導・経営助言
- 第1節　時間ギャップ充当借入れ
- 第2節　正常なる運転資金借入れ
- 第3節　資本構成ギャップ充当借入れ
- 第4節　株式による資金調達
- 第5節　私募債

第Ⅳ章　企業再生・事業改善のための経営指導・経営助言
- 第1節　定量分析による格付けランクアップ（含む格付けの基本）
- 第2節　定性分析による格付けランクアップ
- 第3節　多数借入の一本化による返済負担の軽減化
- 第4節　複数金融機関からの協力・支援の交渉術
- 第5節　経営改善計画と債務償還年数による再生手法

第Ⅴ章　資金調達条件改善のための経営指導・経営助言
- 第1節　借入金利引き下げ交渉術
- 第2節　短期資金繰りと短期返済猶予の交渉術
- 第3節　担保・保証要求に対する交渉術
- 第4節　長期資金調達計画作成プロセスにおける経営指導・経営助言

財務金融アドバイザー講座申込方法

受講をご希望の方は下記ホームページにアクセスし、必要事項をご記入の上お申込みください。

URL http://www.kzei.or.jp/shikin/
一般社団法人　資金調達支援センター

ホームページのここをクリックしてください。

〈お申込みは毎月末日に受付を締め切り、翌月10日に開講となります。〉
※お申込みは、ホームページからのみ受付けております。

第5章　財務金融アドバイザー通信講座〜金融機関本部との連携・交渉のために〜

一般社団法人
資金調達支援センター

資金調達支援センターが、
通信教育講座をスタート。

文字サイズ　ふつう　大きい

- ホーム
- 最新情報
- ごあいさつ
- 法人概要
- アクセス
- 事業概要
- リンク
- お問い合わせ
- カレンダー

申し込み募集中 !!
「財務金融アドバイザー」通信教育講座

中小企業の実態を熟知している税理士、公認会計士、経営革新等（認定）支援機関、その事業所職員また金融機関、商工会・商工会議所の職員を対象に、資金調達に関する知識を取得、金融円滑化の業務を担い、資金調達支援だけでなく、企業の黒字決算割合向上及び、地域活性化また日本の財政健全化に貢献する専門家を育成するための通信講座です。

「財務金融アドバイザー」継続会員

「財務金融アドバイザー」認定者を対象に、継続して中小企業支援その他中小企業経営に関するニュース配信、講師団による中小企業支援法のアドバイスなどを行っております。
「財務金融アドバイザー」の継続研修で更なる金融知識のブラッシュアップを図れるようサポートいたします。

お申し込みはこちら

会員登録はこちら

を中心にした㈱マネジメントパートナーズ（略称・MPS）と㈱ファインビット（代表・中村中）の連携チームが、経営改善計画策定に関するご相談を無料で受け付けています。

　将来的には、金融機関からの案件もご紹介したいと考えておりますし、各地域で継続会員向けの勉強会の開催も予定しています。

　以下では、若手の**山本税理士**が、これからこの通信講座を活用して中小企業の再生支援や金融機関交渉で活躍する税理士代表として、この講座を開催している一般社団法人 資金調達支援センターの副理事長で、本書著者の**中村中**に財務金融アドバイザー通信講座について行った質問とその回答を紹介いたします。

Q-5-1 特徴と独自性

山本税理士(新人)：少し前から財務金融アドバイザー通信講座を受講しています。以前に再生支援や金融機関交渉に関する書籍を何冊も勉強していましたが、この講座のように体系的に基礎から応用まで学べるものは他になかったです。他の通信講座でこのようなものはあるのでしょうか？

中村中：本講座のように金融機関の仕組みを体系的に受講できる講座は金融機関の行員だけを対象とするもの以外にはありません。㈱ファインビットのメンバーは既に金融機関の役職員向けに8冊もの通信講座のテキストを執筆しています。銀行員向けのテキストはどれもDDSやABLは何かというような「部分最適」の内容が多く、本テキストのように貸出とは何か、再生手法の選択の仕方は如何にするべきかなどの「全体最適」のものではありません。まして、コンサルティングを前面に出した内容のものは、他には存在しないと思います。従って、この講座のように認定支援機関の先生方が受講できるような通信講座は皆無であると確信しています。

山本税理士：はじめはよく分からず、中村さんとのお付き合いで受講申し込みをしたのですが、予想以上に分かりやすく、とても参考になっています。テキスト3冊のそれぞれにテストがあるので、受講前は面倒そうだなと感じましたが、受講してみるとしっかり勉強するためには必要だなと思います。通信講座の受講前は、右も左も分からない……という状態で、手当たり次第に中村さんや先輩の田中税理士に質問をしていましたが、最近は、再生支援業務や顧問先の金融機関交渉で疑問に感じた点等については、通信講座のテキストの関連部分を参照しているので、中村さんや田中税理士に質問せずとも解決できています。金融機関の仕組みやコンサルティングなどについて過去に勉強した経験が無いので、最低限の知識は座学でしっかり勉強する必要性を痛感しました。

中村中：本講座の修了者のレベルを一定に維持するためにテストは必要ですね。そうでないと、面識のない金融機関の方々に対して、税理士の先生方が実効性の高い経営改善計画策定支援ができる、金融機関の内情が理解できると言っても納得をなかなか得られないですから。テストを3回とも合格した受講者には写真入りの修了証を発行していますので、金融機関担当者や支援企業に説明する際に提示することができます。また、税理士会の一部では、この通信講座の履修を年間研修のポイントに加算しています。

Q-5-2 受講対象者

山本税理士：この通信講座の対象者や認定者は税理士・公認会計士に限定されているのでしょうか？

中村中：受講対象者は税理士、公認会計士、中小企業診断士、弁護士などの国家資格をお持ちで再生支援や金融機関交渉に携わられる先生方と事務所職員の方です。他に、金融機関にお勤めの銀行員の方また、商工会・商工会議所の職員の方など中小企業への資金面の支援を行っている皆様などに受講いただくことを期待しています。

山本税理士：この講座は経営改善計画策定支援事業をきっかけとしてできたのでしょうか？

中村中：いえ、もともとこの通信講座は、平成18年施行の会社法で「会計参与」が誕生し、これを広げるために日本税理士会連合会・関東信越税理士会でスタートしました。会計参与の業務を活発に行うためには、金融機関との連携が必要でした。そのため、金融機関の業務内容・融資の意思決定や実際の経営改善計画の作成方法、また経営や資金調達のコンサルティングのスキル・知識を簡単に学べる通信講座開設の要請がありました。そこで、著者の中村中が代表をしている㈱ファインビットのメンバーで金融機関のOBなどが執筆者としてテキストを作成し開講しました。ということで、当初の対象は税理士の先生とそ

の事務所職員の皆様でした。その後、改訂を繰り返し、現在のように、中小企業の再生支援や金融機関交渉のために、様々な士業や金融機関などの方々に広く活用いただける内容になりました。ちなみに、財務金融アドバイザー通信講座を運営している一般社団法人 資金調達支援センターの理事長は元関東信越税理士会会長の清水武信です。

Q-5-3 会計事務所職員の受講

山本税理士(新人)：最近、再生支援案件に携わるようになり、業務が多忙になって来ましたので、職員に手伝ってもらおうと考えているのですが、税理士資格を有さない職員や資格取得を予定していない職員に受講してもらっても有効活用できるでしょうか？

中村中：資格取得予定や資格の有無は関係ありません。財務金融アドバイザーの通信講座を修了し、継続会員として勉強を続けていただくと、金融機関交渉や再生支援について、かなりのノウハウを保有することができます。例えば、会計事務所の中で、再生支援などの案件が発生した場合には、受講いただいている職員の方に積極的に動いていただけると思います。また、財務状態に問題のない顧問先に対する経営・財務指導にも活用ができますので、新たなサービスラインとなるでしょう。税理士は中小企業の税務申告による税務署への情報開示の支援を行い、公認会計士は投資家やステークホルダーへの監査報告という情報開示の支援を行っていますが、この財務金融アドバイザー通信講座の修了者は金融機関への中小企業の情報開示を担っていただきたいと思っています。

Q-5-4 ベテランの先生方の受講

山本税理士：既に再生支援業務や顧問先の金融機関交渉に携わっておられる税理士の先生方はこの講座をどのように活用することが有効でしょうか？

中村中：再生支援の実務を実践し、金融機関交渉などを経験されている先生方は、すでに中小企業金融についてノウハウを蓄積されていると思います。しかし、今後、更に幅広く中小企業の金融機関交渉や再生支援など、税理士の先生方へのアドバイス業務のニーズは高まってくると思います。このような中では、ご自身が経験された部分だけではなく、体系的な知識が不可欠になって来ます。例えば、業績が良く、担保を十分に有している顧問先の金利交渉については簡単にできた場合であっても、全く格付けの異なる低位のランクの顧問先では、その金利交渉は苦戦するかもしれません。経験だけではなく、どのような理屈で金融機関の意思決定が行われているのかについて体系的かつ実践的に学んでいただく必要があります。担保・引当の金融機関への差し入れについて、担保・引当の意義や考え方、また、ABLなどの新手法も習得していることが求められます。

山本税理士：そうですね。過去に経験した手法や知識の範囲内での対応では、再生支援や顧問先のサポートを本当に実効性の高いものにはできないかもしれませんね。

Q-5-5 銀行員の受講

山本税理士：先ほど、受講対象者に銀行員の方もというお話でしたが、そのような方でも受講して勉強になるのですか？

中村中：金融機関の担当者でも、その方の配属された部署によっては、本部・審査部の仕組みや考え方をご存じない方もいらっしゃいます。実は、金融機関の役職員の中でも約三割程度のメンバーしか貸出の業務を経験していません。多くの役職員は、預金・為替・取引先の運用商品の業務や事務部門・システム部門の業務に携わっています。また、貸出業務の経験はあるものの、事務フローの勉強や貸出商品の細目の知識吸収に時間を割かれ、融資業務全般や顧客ニーズ・対応までを含めたスキルが身に付いていないメンバーもいます。

山本税理士(新人)：銀行員だからといって必ずしも金融機関の仕組みや再生支援などについて熟知されているわけではないのですね。それであれば、金融機関の担当者が税理士・公認会計士に経営改善計画策定支援について依頼や相談する際もスムーズに行かない可能性がありますね。

中村中：実際、そのような理解のミスマッチも生じています。そこで、金融機関の担当者にもこの講座を活用していただき、経営改善計画策定支援の内容の理解や、税理士・公認会計士等の専門家の見極めを行っていただくことが有効です。同時に、商工会・商工会議所の職員の皆様も中小企業のファイナンスを支援する時は、この講座の習得が重要であると思います。この通信講座は、税理士・公認会計士や会計事務所職員の方のみしか活用できない内容ではなく、広く金融機関の理解や再生支援に役立てることができるように改訂を行い現在の形になっています。

Q-5-6　通信講座修了後のフォロー体制

山本税理士：受講している現状では、大変勉強になっているのですが、制度や経済状況が変化すればそれに応じて勉強を継続する必要があると思います。それについてのフォロー体制はあるのですか？

中村中：通信講座を修了した後に、継続会員に登録していただきましたら、毎月のニュース配信、新書の割引購入や個別相談などが利用でき、最新の知識を習得いただくことが可能です。

山本税理士：この講座のような必要最低限の座学は必要と思うのですが、やはり実際に再生支援案件をこなしていくことで本当の支援者としてのスキルが身に付くと思います。実践的なスキルを身に付けるためのフォロー体制はありますか？

中村中：実際に金融機関に提出する経営改善計画へのアドバイスも、継続会員に登録いただければ、受けることができます。この財務金融アドバイザーの継続会員向けに、著者である中村中が顧問をしており、再

生業務の経験豊かな中小企業診断士集団である㈱マネジメントパートナーズ（略称・MPS）が中村中と連携して講習や無料アドバイスを行っております。そして、中村中が代表をしている㈱ファインビットやこの㈱MPSが、財務金融アドバイザーの継続会員の皆様の金融機関から依頼された案件について、支援を行います。金融機関の本部・審査部が内部に抱えている案件は、売上・総借入残高が3〜5億円超の案件が多く、これらの案件についても、極力ご紹介して、皆様が自信をもって処理することができるようになるまで支援を行いたいと思っています。

　金融機関の内部に抱えている案件は、金融機関が長年関わってきた企業であることから、金融機関からの情報がもらえるほか、金融機関の持っているスキルや再生技術にも接することができます。コンサルティングや経営改善計画策定支援からの報酬・手数料も経営改善計画策定支援事業の補助金に拘束されることがなく、その企業の再生の出口におけるメリット・想定利益に相応しい金額を請求することができます。

　ちなみに、このスキームは以下のとおりです。

図5-1　エキスパートチーム化と金融機関協業スキーム

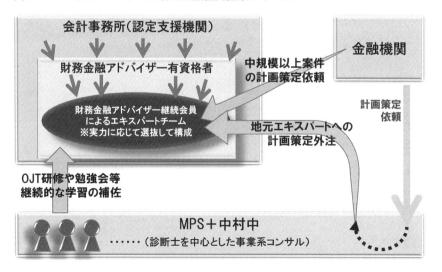

このスキームは、「税理士・公認会計士・認定支援機関が中小企業を支援し、その経営改善計画の成果物を、金融機関に提出できるようにするためには如何にするべきか」「その中小企業が支援者に持続可能性のある妥当な報酬・手数料を支払ってもらうには如何にするべきか」を考えたものです。

　金融機関が、税理士・公認会計士・認定支援機関の方々の中から、「金融機関の内情を理解して経営改善計画作成のスキルがあって、中小企業へのコンサルティングも任せられる人材」を選ぶ場合、どうしても、このような仕組みが必要になります。

山本税理士(新人)：なるほど、座学だけでなく、この講座を修了し、継続会員になれば、実際の事例のアドバイスやスキルアップの研修を受けることができ、また、スキルレベルが上がれば金融機関等から経営改善計画策定支援業務の依頼も受けることができるということですね。

〈ご参考〉

㈱ファインビット
　　東京都千代田区内神田1-12-9-1102
　　TEL　03-6273-7750
　　URL　http://www.fine-bit.co.jp

㈱マネジメントパートナーズ（略称MPS）
　　東京都港区三田3-14-10　三田3丁目MTビル6F
　　TEL　03-5439-6292
　　URL　http://www.managementpartners.co.jp

おわりに

　ドラマ「半沢直樹」があのように高い視聴率となったのは、内部のことばかり気にしてなかなか結論を出さない銀行員のイメージに反して、銀行員でも半沢直樹課長は、お客様の立場を的確に捉えて、直接、本部審査部に乗り込んで素早く意思決定を行ったことに、世間の共感性が得られたと言われています。しかし、銀行員個人については、内部のことばかり考える守りの人が多いというわけではありません。銀行の支店は、中小企業の身近にいますが、その融資の意思決定は本部・審査部に集中し、決定権限がなくなっているという現状なのです。しかも、支店の担当者は忙しすぎるせいか、中小企業への訪問もなく、中小企業の実態把握もできていないようです。しかも、中小企業自身、金融機関の本部の意思決定者が求める決算書や経営改善計画書などの情報開示資料も、独力では作成できなくなっているようです。

　この問題を解決するには、銀行員以外の半沢直樹が必要になるのかもしれません。税理士・公認会計士こそ、今後の半沢直樹になるものと思います。中小企業に寄り添って、社長の経営方針や企業の実態を最も良く理解しているのは、税理士・公認会計士であることは周知の事実になっています。そこで、社長とともに、銀行に借入れ交渉や返済猶予の融資に正常返済を付けることの交渉に出かけるのは税理士・公認会計士ですが、もはや、その決定権限のほとんどは支店にはなく、本部審査部にシフトしています。特に、返済猶予の融資に正常返済を付けることは、どこの金融機関も例外なく、本部審査部の権限になっています。そこで、銀行本部との連携や交渉に長けた税理士・公認会計士の先生が求められるようになったのです。

　さて、中小企業から遠い場所の本部審査部が意思決定者になっていることから、結論が出るまで時間が掛かり、現場のニーズと離れた回答に

なることも多々あります。もしも、中小企業の情報を最も多く持ち、その実情を最も知っている会計の専門家である、税理士・公認会計士が、中小企業の借入れの稟議を書くことができれば、中小企業にとってどんなに有難いことになるか、予想ができます。

　実は、私は、28年間の銀行時代で16回転勤しましたが、そのうち3回は商品企画を担当していました。その商品とは個人ローン商品であり、現在の住宅ローンとカードローンです。そのとき（今から30年前）は、銀行の貸出残高を手間を掛けずに増やそうという課題で、仕事に没頭していましたが、現在では、この業務が外部の組織に銀行の大切な稟議書を書いて貰うという銀行の意識改革にまで発展していることに、只只、驚きを感じています。銀行の住宅ローンの7〜8割の審査は、住宅販売業者・マンション業者が本業として、請け負ってくれているのです。そのために、住宅購入者は住宅ローンを借りやすくなり、住宅に関する種々のアドバイスを適時的確に受けることができるようになりました。その業者は、住宅ローンによって高額の物件を販売することができるようになり、銀行としても、本人確認とその意思確認と信用調査を行うことくらいで住宅ローンの残高を増加させることができるようになりました。

　このことは結果オーライの出来事だったかもしれませんが、中小企業融資についても、同じように、中小企業に寄り添う税理士・公認会計士の先生が銀行の稟議の大部分を書くことになれば、どんなに、関係者にとって好都合かと思いました。中小企業は、確りした情報開示資料に加え、資金使途や返済財源も税理士などに明確に示して貰い、融資を借り易くまたその融資条件も現実的になって、経営に関する種々のアドバイスも適時的確に受けることができるようになります。税理士・公認会計士も、中小企業が金融機関からニーズに合った融資を自分たちが想定する金額で調達できるようになれば、思い切った投資計画支援もできるようになり、中小企業の発展にも大きく貢献することができるようになります。銀行としても、専門家が作成する情報開示資料に基づき、融資残

おわりに

高を増加させることができるようになれば、従来の貸出担当者が行っていた稟議書作成に関する事務負担や調査時間の節約もでき、増加した融資残高で収益増加にも繋がります。

　このような世界に近づくことは、地域のリーダーである中小企業や税理士・公認会計士また金融機関の連携を強化することになり、連れて地域発展にも繋がることになると思います。地方創生の典型パターンとして、中小企業支援ネットワークや伴走支援プラットフォームなどと連携形態が、行政サイドからも提案されていますが、税理士・公認会計士が中心となって、中小企業や金融機関を引っ張って行くことは、正に今後の地域活性化に寄与することになると思います。

　　　　　　　　　　　　　　　　　　　　　　中村　中

本書の第1章では、若手の山本税理士と中村中氏、ベテランの田中税理士が登場し、議論を行っています。彼らのやり取りに皆様はどのような感想を持たれたでしょうか？　実は、再生支援の勉強を始める前の私の意見は、山本税理士の発言にほとんど近いものでした。普段、日常業務に忙殺され、税理士・公認会計士の中小企業に対する関わり方について深く考えずに過ごしてしまっていました。しかし、経営計画の策定や金融機関交渉などについて基礎から学び、支援業務に携わらせていただくにつれ、税理士・公認会計士による支援が中小企業の活性化のためには不可欠であることを実感するようになりました。中小企業、税理士・公認会計士、金融機関の協力体制ができれば、中小企業活性化、地域活性化に大きな効果を上げられるということは明らかです。本書がその体制作りの一助になれば幸いです。

　本書の出版にあたり、株式会社 ぎょうせいの方々には、多くのアドバイスとご支援をいただきこの場を借りてお礼を申し上げます。また、勉強会メンバーの先生方には、多忙な中でご参加いただき、毎回、貴重なご意見をくださり感謝いたします。そして何より、不勉強な私の質問に毎回、的確な回答と熱心な解説をしてくださった共著者の中村中氏に感謝申し上げます。そして、最後まで読んでくださった皆様に心より感謝申し上げます。

中村　文子

1　本書の理解を深める中村中執筆のご参考図書

書籍名	出版社	初版出版日	著者	補足説明事項
中小企業再生への経営改善計画	㈱ぎょうせい	平成24年7月30日	中村　中	・事業デューデリ ・金融機関の組織面の内情（初回の認定支援機関研修の配布図書です）
中小企業再生への改善計画・銀行交渉術	㈱ぎょうせい	平成25年5月1日	中村　中 大山　哲 仁木淳二	・事例紹介（小企業と中小企業特性・粉飾決算先・手元資金確保のリスケ・DDS・民事再生の内容）
経営改善計画の合意と実践の第一歩「バンクミーティング」事例集	㈱TKC出版	平成27年1月12日	中村中 久保田博三 渡邊賢司	・事例紹介（各事例は50ページの経営改善計画書とバンクミーティングのQ&A、また残高メイン行等との交渉例、全5事例）、解説用DVDも発売中。
金融機関から高評価を得た「経営改善計画書」事例集	㈱TKC出版	平成23年10月25日	中村　中 久保田博三 渡邊賢司	・事例紹介（各事例は50ページの経営改善計画書で、バンクミーティングの資料として活用したもの、全5事例）
金融機関から高評価を得た「経営改善計画書」事例集Ⅱ	㈱TKC出版	平成24年9月3日	中村　中 久保田博三 渡邊賢司	・事例紹介（各事例は50ページの経営改善計画書で、バンクミーティングの資料として活用したもの、全5事例）（初回の認定支援機関研修の配布図書です）
銀行交渉のための「リレバン」の理解	㈱中央経済社	平成26年5月20日	中村　中	・リレバン（地域密着型金融）は、複数行金融機関調整の切り札であり、銀行交渉・バンクミーティングの合意形成のポイント
貿易電子化で変わる中小企業の海外進出	㈱中央経済社	平成25年1月20日	中村　中 佐藤武男	・キャッチコピーは「経営力強化支援法のファイナンス実務に不可欠！」 ・貿易は中小企業の販売チャネルの拡大策という観点で、電子化新商品を紹介

中小企業再生への認定支援機関の活動マニュアル	㈱ぎょうせい	平成26年4月1日	中村　中	・平成25年に公表された中小企業庁の「経営改善計画書（サンプル）フォーム」を中小企業支援ネットワークの梃子役と位置付け、認定支援機関の活動マニュアルとしてまとめた。
バンクミーティング	㈱TKC出版	平成26年4月30日	中村　中	・認定支援機関の卒業スキルと言われる、「バンクミーティング」の実践情報とその対策
中小企業再生への金融機関本部との連携・交渉術（本書）	㈱ぎょうせい	平成27年3月10日	中村　中	・税理士・公認会計士・認定支援機関による経営改善計画策定支援と、真の銀行との連携と交渉について、Q&Aベースでやさしく解説

2　税理士・公認会計士・認定支援機関向けの金融機関との連携・交渉のワンポイント講演DVD（小冊子付き）

発　売　元　　一般社団法人・資金調達支援センター
講　　　師　　中村　中
連　絡　先　　「財務金融アドバイザー」通信教育講座サポートセンター
　　　　　　　電話　050-3803-2262
　　　　　　　URL　http://www.shikin-c.com/
　　　　　　　Mail　info-zaimu@openskyschool.jp
申込方法　　ホームページよりお申込みください。

　　　　　　　　　　　　　　　　　一般社団法人 資金調達支援センター
　　　　　　　　　　　　　　　　　　　　理事長　　清水　武信
　　　　　　　　　　　　　　　　　　　　副理事長　中村　中

❀ 著者プロフィール ❀

❀**中村　中**（なかむら　なか）資金調達コンサルタント、中小企業診断士

1950年生まれ。
三菱銀行（現三菱東京UFJ銀行）入社後、本部融資部、営業本部、支店部、岩本町・東長崎支店長、福岡支店副支店長等を歴任、関連会社取締役。
2001年、㈱ファインビット設立。同社代表取締役社長。週刊「東洋経済」の選んだ「著名コンサルタント15人」の1人。中小企業金融に関する講演多数。中小企業診断士、資金調達コンサルタント。
著書：「中小企業再生への経営改善計画」「中小企業再生への改善計画・銀行交渉術」「中小企業再生への認定支援機関の活動マニュアル」（ぎょうせい）、「中小企業のための格付けアップ作戦」「中小企業金融円滑化法対応新資金調達術」「経営改善計画の合意と実践の第一歩「バンクミーティング」事例集」（TKC出版）、「融資円滑説明術」（銀行研修社）、「信用を落とさずに返済猶予を勝ち取る法」（ダイヤモンド社）「リレーションシップバンキング」「ここまで変わる中小企業の銀行活用法」（中央経済社）他。

❀**中村　文子**（なかむら　あやこ）公認会計士、税理士

朝日（現あずさ）監査法人にて法定監査、仰星監査法人にて法定監査及び株式上場支援等に従事し、2003年、中村文子公認会計士事務所を設立。
中小企業を対象とする会計及び税務顧問、内部管理体制構築支援業務などに従事しながら、大阪府中小企業再生支援協議会登録会計士として、再生支援業務に従事。大阪府特別職報酬等審議会委員、大阪市特別職報酬等審議委員、大阪市立大学大学院創造都市研究科非常勤講師等を経験。会計、税務に関するセミナー多数。

中小企業再生への金融機関本部との連携・交渉術
―税理士・公認会計士による経営改善計画策定支援―

平成27年3月10日　第1刷発行

著　者　中村　中・中村　文子

発　行　株式会社ぎょうせい

本社　東京都中央区銀座 7-4-12（〒104-0061）
本部　東京都江東区新木場 1-18-11（〒136-8575）
電話　編集　03-6892-6539
　　　営業　03-6892-6666
　　　フリーコール　0120-953-431

URL：http://gyosei.jp

〈検印省略〉

印刷　ぎょうせいデジタル㈱　　　©2015 Printed in Japan

＊乱丁・落丁本はおとりかえいたします。

ISBN978-4-324-09950-6
(5108131-00-000)
［略号：中小連携交渉］